呪録
怪の産声

夕暮怪雨 井上回転 雨森れに
緒音百 緒方さそり ふうらい牡丹
千稀 おがぴー 月の砂漠
ホームタウン 高倉樹 墓場少年
中村朔 宿屋ヒルベルト 多故くらら

竹書房
怪談
文庫

※本書は体験者および関係者に実際に取材した内容をもとに書き綴られた怪談集です。体験者の記憶と主観のもとに再現されたものであり、掲載するすべてを事実と認定するものではございません。あらかじめご了承ください。

※本書に登場する人物名は、様々な事情を考慮してすべて仮名にしてあります。また、作中に登場する体験者の記憶と体験当時の世相を鑑み、極力当時の様相を再現するよう心がけています。今日の見地においては若干耳慣れない言葉・表記が記載される場合がございますが、これらは差別・侮蔑を助長する意図に基づくものではございません。

本書の怪談記事作成に当たって、快く取材に応じていただいた方々、体験談を提供していただいた方々に感謝の意を述べるとともに、本書の作成に関わられた関係者各位の霊的無事をお祈り申し上げます。

来たれ怪談新世代、闇より咆哮せよ

怪談マンスリーコンテストは、最恐の語り部を決める話芸のコンテスト「怪談最恐戦」の投稿部門として二〇一八年に始まった。編集部から毎月お題を出し、それに沿った怪談を広く一般から募るコンテストである。ルールは千字以内、創作不可といたってシンプル。毎月の応募数はお題によって多少前後するが平均二百五十作程度が寄せられ、その中でもっとも心に残った一作を最恐賞に、次点の三作を佳作に選出している。

最恐賞の作品はこれまでその年の「怪談最恐戦」の総集編文庫に収録されてきたが、二〇二三年より本コンテストが「怪談最恐戦」の投稿部門から、「綴り」専門の新人発掘大会として独立することになった。そのため、新たな才能を世に送り出す舞台として本書の発行が企画された。二〇二三年の最恐賞受賞者、佳作二度以上の受賞者、更に少し枠を広げ二〇二二年に最恐賞を二回以上、または最恐賞と佳作をそれぞれ一回以上受賞した新人を対象とし、各々の現時点での最高傑作、自信作を募り収録した。次世代の怪談を担っていく者たちの煌めき、新たな才能の産声を感じていただけたら幸いである。

竹書房怪談文庫編集部

目次

夕暮怪雨

（ゆうぐれ・かいう）

神奈川在住の怪談作家。怪談師のおてもと真悟と怪談ユニット・テラーサマナーズ結成。作家業だけでなく、トークイベントやYouTube・テラサマチャンネル、ポッドキャスト（誰も知らない怖い話）にて活動中。

★怪談マンスリーコンテスト受賞歴（過去二年）

二〇二二年二月　佳作
二〇二二年四月　佳作
二〇二二年九月　佳作
二〇二二年十一月　佳作
二〇二三年二月　佳作
二〇二三年三月　佳作
二〇二三年七月　最恐賞

産声

美知さんの母は助産師として地域に貢献していた。医療機関も周囲になく、彼女の地域では自宅出産が主流だった。そのため母は何人もの妊婦の出産に立ち会っていた。

「新しい命を間近で見ることが幸せなのよ」

それが母の口癖で、特に生まれた瞬間の赤ん坊の、生に満ち溢れた産声を聞くことに生きがいを感じていたようだ。

けれど時折、力なく自宅へ戻ってくることがあった。

それは死産に立ち会ったときだ。

妊婦やその家族の悲しみを直で受ける。美知さんは勝手に母の気持ちを理解したつもりでいた。そんなとき、母は必ず耳を塞ぎながら部屋に入り、出てこないことがしばしばあった。

そんな美知さんも母の背中を眺めることで、自然と助産師を目指していた。初めて気持ちを打ち明けたとき、母は嬉しそうでありながら複雑な表情を浮かべていたそうだ。それからは母の助けを借りながら、美知さんも妊婦の出産に立ち会うようになる。

最初はたじろぐことばかりであったが、徐々に現場の空気にも慣れていく。けれどいつか来るであろう、死産の立ち会いに気を引き締めた。


そんなある日、出産予定が早まった妊婦に立ち会った。母と部屋に入ると何かが聞こえる。それは泣き声だ。周囲を見渡すが、美知さん親子と妊婦以外は部屋に誰もいない。するとと気づいた。妊婦の膨らんだ腹から声が聞こえることに。

「オギャァ……オンギャァ……」

まだ赤ん坊は腹の中だ。声は聞こえるはずはない。けれど腹から、しがれたような女の声が聞こえるのだ。

横の母は青ざめ、力ない表情だ。けれど精一杯、妊婦に声をかけている。

(母にもこの声が聞こえるのだ)

美知さんは気づく。

妊婦には声が聞こえないのか、苦しそうに力んでいる。そのたびに女の泣き声は
「オギャア……ウギャア……」と大きく苦しむよう響く。

そして赤ん坊が出てくると、既に事切れていた。死産だ。

出産前は母子ともに健康だと話を聞いた。初めての死産にショックを受けるが、それ以上に気持ちが疲弊する。何故なら家に帰っても、あの泣き声が耳から離れないからだ。

母は美知さんに、「あなたも聞こえるのね」そう疲れ切った表情で声をかけてくれた。

「あの声は死産を知らせる予知のようなものよ」

母はそう説明する。決まって妊婦の腹の中から聞こえる。赤ん坊ではない、悲痛な女の声で。

美知さんはその後、助産師を目指すことをやめ、看護師として産婦人科で働いている。

時折、分娩室からあの女の泣き声が聞こえてくるそうだ。

「ウゥウ……オギャァア……」

それは美知さんに死産を知らせる産声だ。

お隣さん

宮島さんの住む地域は下町のため住民同士、密接な付き合いも多い。

特に隣に住んでいた一家とは、親密な付き合いをしていたそうだ。宮島さんの家族は皆、その一家のことを「お隣さん」と呼んでいた。

夫婦と、一男一女の四人家族。子供達とは年も近く、幼い頃から家を行き来する程の仲だった。お隣さんには可愛がってもらった記憶しかない。彼らはとても優しく温かく、周囲からも愛されていた。

そんなお隣さんがある日、突然引っ越しをすることになる。理由を聞いても頑なに教えてくれない。それに対して宮島さんの家族や、近所の住民達も動揺する。

当時は景気も悪く、家を手放す人間も多くいたからだ。

(きっと誰にも言えぬ、理由があるのだ)

手助けをしたい。そう周囲が声を出すが、断られる。お隣さん達は悲壮感を漂わせるが何も語らない。寂しそうに家を眺めるだけだ。それが印象的だった。

「家を手放すことが決まった」

一家の主人はそう告げ、ある日忽然と消えた。転居先を誰にも伝えずに。

持ち主がいなくなった空っぽの家を見るたびに、寂しさを感じる。ある日、宮島さんは物思いに耽っていた。そして二階の窓から隣の家を眺める。街灯が煌々と家を照らす。賑やかな声が、今にでも聞こえてきそうだ。

ふと隣の家の門に視線を向けた。そこに人影が幾つも立っていることに気づく。

（一体誰だ？）

そう思い、窓から身を乗り出す。そしてその人影を確認する。宮島さんは思わず「お隣さん！」と声を出した。

忽然と消えた一家が、引き払った家の前にいるのだ。一家全員揃い、名残惜しそうに家を眺めている。お隣さんが戻ってきた！　家族に伝え、玄関を出る。

けれど家の前には誰一人立っていない。はっきり見えた一家の姿は、煙のように消えていた。

宮島さんは両親に「こんな悪戯はいけない」と叱られ、散々な目に遭う。彼は首を傾げ、ベッドで不貞寝した。

しかし別の晩、先日と同じく二階の窓から一家が見えた。

（今度は見間違いではない）

ただ以前とは違い、痩せ細り粗末な姿だ。彼らはやはり、ジッと家を眺めるだけ。敷地内に入るそぶりもない。宮島さんが外に出ると、また忽然といなくなる。それからも時折、お隣さん一家は現れては消えた。ただその姿は、目に見えてやつれていく。気づけば骨と皮だけ、まるで死人のようだった。

いつしか息子娘が現れなくなり、後を追うように母親も。

空き家に新たな住民達が入居した日。久々に家に明かりがついた。賑やかな声が隣から聞こえる。宮島さんは胸苦しげに、窓から外を見る。そこには片膝をつき、恨めしそうに家を眺める主人がいた。それを最後に、お隣さんはパタリと現れなくなったそうだ。

蜘蛛の糸

近藤さんは十年ほど前に最愛の妻を亡くした。当初は失った妻を思い、悲しみに打ちひしがれていた。けれど生きてゆかねばならない。

彼にはこれといった趣味もない。とにかく懸命に働き生きてきた。そして気づけば定年を迎え、退職をすることになる。

同僚達は「この後の人生を楽しめ」と笑顔で花を渡してくれた。しかし近藤さんは複雑な気持ちだ。

退職で社会の接点がなくなり、生きる希望を失ったことに気付いたからだ。寂しく孤独に余生を過ごす。それを思うと絶望する。

まさに生き地獄。

そんな気持ちに思い悩んだある日。寝室で眠っていると、急に何かが顔に纏わり付いた。真っ暗闇の中、飛び起き、思わず反射的に手で払う。

それは近藤さんの腕にこびり付いている。まるで蜘蛛の糸に触れたような感覚。

（天井に蜘蛛でも住みついているのか？）

すぐさま立ち上がり電気をつける。しかし何も見当たらない。

視線を横に向けると白熱灯で照らされ、輝く細い糸のようなものが伸びている。それは天井近くの長押《なげし》に飾られ、にこやかに笑う妻の遺影からだった。

近づき恐る恐る触れてみる。すると簡単に千切れた。まさに蜘蛛の糸。

（蜘蛛が巣くっているのかもしれない）

翌日そんな考えが浮かぶ。独り身で掃除も行き届いていない。そう思った近藤さんは、埃まみれの遺影を取り外す。額の裏を確認するが、虫一匹見当たらない。

けれどそれからも毎晩のように、あの蜘蛛の糸が妻の遺影から伸びていた。

触れると簡単に千切れる程の細い糸。

ふとしたとき、亡き妻の本棚を整理した。そこには誰もが知る本が一冊、ささっていた。それを取り出し、読み耽る。近藤さんは理解する。

「そこは地獄よ、こちらにいらっしゃい」

そう妻が伝えてくれているのではと。生きることに絶望した彼は、遺影から垂れ下がる、蜘蛛の糸に手を伸ばす。毎日すがる思いで。

16

まぁだだよ

和歌山県に住んでいる亜弥さん。彼女の家は築八十年以上の古民家だ。

大きな庭に立派な瓦屋根の平屋。築八十年以上ではあるが、父の代で大規模なリフォームを行った。掘りごたつと囲炉裏のあるおしゃれな内装だ。

亜弥さんは両親と祖父母の五人家族。いつも掘りごたつのある居間に集まり、一家団欒を過ごす。

ただ、そんなゆったりとした時間が一変するときがある。それは家族が揃ったときに起こる。初めてそれに遭遇したのは亜弥さんが中学生の頃だ。今でもはっきり覚えている。

年も明けたばかり。正月番組に飽きた家族はテレビに背を向け、楽しげに話していた。

そんな賑やかな会話が、ある一声で（プツリ）と途切れる。

「まぁだだよ」

それは野太い男の声だった。家の外からではない。明らかに屋内から聞こえた。居間のすぐ隣の部屋からだ。リフォーム前から手を付けていない部屋だった。人が入る所を見たこともない。

物置でもなく扉は閉まったまま、いわゆる開かずの間だ。

そこから声が聞こえる。亜弥さんは子供ながら、家族全員の空気が変わることに気づいたそうだ。

誰も言葉を口にしない。恐怖というよりは、無関心な顔をしている。亜弥さんは祖父に問いかける。

「おじいちゃん、隣の部屋に誰かいるの？」

「ずっといるよ、でも気にするな」

そう祖父は無表情で答える。先程の和やかな表情はない。その声はすぐに静まった。

父と祖父はコソコソと何かを相談している。それを見て亜弥さんは、母や祖母にあの声について尋ねる。けれど二人とも曖昧な返事だ。父と祖父だけの秘密なのか？　亜弥さんは子供心に察した。

それからも頻繁に、あの声が隣の部屋から聞こえた。

「まぁだだよ」

必ず家族揃ったときに。気づけば亜弥さん自身も、その異様な出来事に無関心になっていった。

そんなある日、いつも通りに居間で家族と話していると、隣の部屋から声が聞こえてきた。

「もういいよ」

亜弥さん含め、家族全員の表情が強張った。いつもと言葉が違うからだ。

(もういいよ。一体どういうことだろう?)

そんな疑問の言葉を吐こうとする。けれどそれを遮るように、祖父はゆっくりと立ち上がった。

祖父はこのとき、肺の病を患っていた。日に日に衰えてゆき、身体を動かすのもやっとだ。

祖父は身体を引きずり、父のもとへ向かう。そして何か言伝をし、部屋から出ていった。

亜弥さんは心配そうな眼で見つめた。

隣の部屋に辿り着いたのか、扉の開く音が聞こえる。彼女に恐怖よりも好奇心が先走った。

(隣の部屋に誰がいるのか? 部屋の中を見てみたい)

思わず立ち上がり、祖父の背中を追いかけた。

一瞬、他の家族に止められると思ったが、そんなこともない。隣の部屋に辿り着くと、ちょうど祖父が部屋から出てくるところだった。

（もう出てきちゃうの）

亜弥さんは拍子抜けした。祖父が引き戸をゆっくりと閉める間、ほんの少しだけ部屋の中が見える。電気は煌々と点いているのにも拘らず、部屋は真っ暗だ。

いや違う。狭い部屋はまるで墨汁をぶち撒けたように、真っ黒に染められていた。それが意味不明で心底、恐ろしく感じたそうだ。祖父は溜め息を大きくつき、何も言わず亜弥さんの背中をさする。そして「戻ろうか」と居間へ促した。

（それ以上詮索してはならない）

亜弥さんは何も聞かずに部屋に戻ったそうだ。その日は家族全員、口数少なく一家団欒どころではなかった。それからすぐに祖父は亡くなった。

持病の肺の病が原因だった。居間にぽっかり空いた、祖父の席。それを見るたび、寂しさが込み上げた。しかし時間が経過するにつれ、寂しさも薄れた。一家団欒も戻っていく。

そんなときにふと思い出す。あの声のことを。祖父があの部屋に入った日から、随分と耳にしていない。

あれは一体何だったのだ。そんな思いが募った。

明くる日、居間で家族と和かに話をしていた。祖父の思い出を語り合い、笑い声も絶えない。すると突然隣の部屋から声が聞こえてきた。

「まぁだだよ」

その声が耳に入った瞬間、居間にいる誰もが口を閉じた。それは以前聞いた野太い男の声ではない。

亡くなった祖父だ。すぐさま父に視線を向ける。その顔は何かを思い詰め、凍り付いた表情だった。

父は何も言わない。けれど祖父の声で、

「もういいよ」

あの言葉が聞こえてくることに、怯えているのでは。そんな気がしてならない。そう亜弥さんは話す。

井上回転

（いのうえ・かいてん）

二〇〇二年、山口県生まれ。幼少よりホラーや怪談、幻想小説に傾倒し、濫読の限りを尽くす。背筋の凍るような恐怖が好み。現在は大学に通う傍ら、怪談などを蒐集している。

★怪談マンスリーコンテスト受賞歴（過去二年）
二〇二三年八月　佳作
二〇二三年九月　佳作

22

代替

Uさんが中学生のとき、祖母が認知症を発症した。初めは症状も軽かったというが、あるときから奇妙な行動が目立つようになった。

「夏の始まりのことだったと思います。目が覚めて、祖母の様子を見るために部屋に行ったら、祖母の手が血まみれになっていて」

Uさんと Uさんの母親は、祖母は夜中に人知れず料理をしていて、その際に包丁やピーラーなどで怪我をしているのだろう、と考えて、ひとまず包丁などの危険な道具をまとめて隠しておくことにした。

それでも次の日には、新しい傷ができているのだという。

「その後も、ハサミやホチキスを隠すとか、思い当たる限りは色々と試してみたんですけど、どうしても新しい傷ができちゃって。これじゃキリがないって、祖母を徹夜で見張ることにしたんです」

Uさんが見張りを始めて一時間ほど経ったときのことだった。不意に祖母の部屋の襖が開き、中から寝間着姿の祖母が現れたという。祖母はそのまま、まっすぐに玄関へ進むと、靴下のまま家の外へ歩み出した。Uさんはその後ろを、気付かれないように尾行する。

Uさんの祖母は家を出ると、ぐるりと角を曲がって、家の裏にある庭へと歩みを進めた。庭の奥には古びた納屋がある。祖母は、その納屋に入っていったそうだ。Uさんも後から、そっと納屋を覗きこんだ。

そしてそこで、祖母の手の怪我の原因を発見したという。

「園芸用の針金ってあるじゃないですか。植物を支柱に固定したりする。祖母はそれで、人形を作っていたんです。適当な長さで針金を切って、それをまた強引に折り曲げて。そのとき、針金の先端が何度も手のひらに、ざくざく突き刺さっていて」

呆気にとられたUさんは、祖母を止めることができなかった。

祖母は両手を傷だらけにしながら二、三体の針金人形を作り終えると、それらを抱えて納屋を出た。そして、庭の小さな畑をスコップで掘り返すと、そうしてできた穴のなかに、針金人形を投げて、その上に再び土をかぶせ始めたそうだ。

そうして一通りの作業を終えると、祖母はふらりと家に戻り、あたかも外出したという事実を隠すかのように、泥だらけの靴下を丁寧に洗い始めた。

「認知症者の行動は過去の記憶に影響される、って話があるじゃないですか。でも、母に尋ねてみても、祖母がそんなことをしていた記憶はないって言うんです。……多分、家族の誰にも隠していたんでしょうね。翌日、庭を掘り返してみたら、錆びた人形がたくさん出てきました」

当然、そんな危ないことをさせるわけにもいかず、Uさんたちは園芸用の針金を隠すことにしたそうだ。

その日から祖母の手の怪我が増えることはなくなったが、祖母の認知症は、針金を隠し、あの行為を禁じたその日から加速度的に進行し、今では歩くこともままならないという。

じんこく

Mさんが中学生のときの話だ。彼女はそのとき園芸部に所属していて、放課後には校舎裏にある裏庭で、植物の世話に勤しんでいた。

彼女の通っていた中学校は、自然豊かな地域にあった。

付近には山や森があり、時折イノシシや猿が下りてくる。彼女が通っていた裏庭のそばにも森があり、それがそのまま山に繋がっているため、そういった野生動物が下りてきて、作物を荒らされてしまうということは度々あったそうだ。

ある放課後、彼女がいつも通り裏庭に向かうと、肥料などを入れている倉庫が大きな音をたてて揺れた。さては迷い込んできたイノシシか猿が、倉庫のなかに入ってしまったのだろうと、彼女は顧問の先生を呼ぶべく、一旦校舎へと戻った。

「そのときの顧問の先生は、もうかなり長いことその中学校に勤務してる、ベテランのおじいちゃん先生で。自分の家にも畑とか持ってて、下りてきて畑荒らしたイノシシをクワで殴り殺したとか、そういう噂もある人で。私が園芸部にいたころも、何回かそういう事態に対処してくださった人なんです」

その先生は話を聞くと「任しちょけ」と傘を片手に裏庭へ同行してくれたそうだ。裏庭の倉庫から聞こえる異音は、二人が到着したときにも鳴り続けていた。

「内側で動物が暴れてるって感じじゃありませんでした。手拍子というか、一定のテンポを保ったまま倉庫を内側から叩いているというか。ノックのリズムってあるじゃないですか。あれを延々と、内側から手のひらで叩くみたいに繰り返していて」

その音が静かな裏庭に響いていたのだという。

先生はMさんに隠れておくように指示すると、傘で一度倉庫を強く叩いた。大きな音とともに異音はぴたりと鳴り止む。先生はそのまま、注意しながら倉庫のドアをそっと開いた。

しかし野生動物が出てくる気配はない。先生はもう一度倉庫を叩くと、そっと倉庫のなかを覗きこんだ。

その瞬間だった。

「あああ！」と先生は絶叫して、その場に倒れたのだそうだ。裏庭の花壇や畑を荒らしながらのたうち回り、気つけをしようとしたのか、頭を思い切り地面にぶつけると、直後、大量に嘔吐した。

怖くなったMさんは他の先生に助けを求めるべく校舎へ走った。事態を知り、駆け付けた他の先生に対して顧問の先生は、大粒の涙を流しながら「じんこく」と繰り返したのだという。

「そのあと、顧問の先生は退職しちゃって。裏庭もいつの間にかコンクリートで埋め立てられちゃってて。なんとなく、私のせいだなって時々落ち込みます」

「じんこく」が何なのか、それは未だに分からないという。

釘を刺すべく

バイト先の友人である、Hさんから受け取った三枚のハガキには、すべて同じ写真がプリントされていた。

「初めにこのハガキが届いたのは、中学生のとき、生徒会の選挙で、副会長に当選した日のことでした」

Hさんはそう言って、そのうちの一枚のハガキを取り出した。確かに、消印は彼が中学生のころの年代になっている。

そのハガキは、Hさんにとって非常に喜ばしいことが起きた日に、決まって彼の家に届くのだそうだ。二度目は高校に合格したとき。三度目は大学に合格したとき。そのハガキは同じ筆跡で、Hさん宛に送られてくるのだという。

「最初は嫌がらせかと思ったんです。でも、さすがに合格か不合格かを予測して送ってくるというのは、やっぱり現実的じゃないというか。生徒会の話にしても、投票とその開票は、同じ日に行ったんですよ。当選するかどうかは、誰にも分からなかったはずなんです」

Hさんは言いながら、三枚のハガキを裏返して、プリントされている写真のほうを表にする。

すべてのハガキにプリントされているその写真は白黒で、おまけに画素が粗かった。

四畳半の部屋のなかで、数人の中年女性が布団を引っ張っている。布団の下には、号泣しながら布団を取り返そうとしている、やせこけていて、不健康そうな、ブリーフ姿の少年の姿がある。

「これ、僕が小学生のころ、ちょうどいじめられていて、不登校だったときの写真なんだと思います。母と叔母と、それから近所のおばさんが何人かで、突然、部屋に押しかけてきて。引き籠もっていないで学校に行け、と……。今でもそのときのことは、トラウマというか、思い出したくない思い出です」

でも、とHさんは続ける。

「このとき、カメラを持っている人なんていなかったんですよ。写真を撮られていたら、僕だって気付きます。当時の僕は部屋に引き籠もっていましたし、急に押しかけられて、布団を引きはがされたのも一瞬の出来事で」

ハガキについて親族に訊いても、誰も心当たりがないと答えたそうだ。筆跡も見たことのないもので、Hさんの知っている人間の字ではないという。

「この写真が来ると、どれだけ有頂天になっていても、すごく落ち込むんです。まるで誰かから、お前は変わっていない、一生このままだ、って、釘を刺されているような気分になるんです」

Hさんはそう言って、ハガキのなかの少年と同じように、悲壮に満ちた表情を浮かべた。

その手紙の差出人は、未だに判明していないという。

廊下の先

中学生だったTさんは、趣味のブログで夢占いをしていた。

夢占いとはいっても、彼女に専門的な知識があるわけでもなく、投稿された夢の内容に彼女が思いついたことを適当に回答していたそうだ。当時はそれでも一部から人気があったらしい。

ある日、彼女のブログに一件のコメントがあった。

〈夢占いをお願いします。最近、亡くなった母の夢を見るのです。

私の実家は、台所と玄関とが繋がっていて、夢の中で私は台所の椅子に座っているんです。台所の電気は点いてるんですけど、玄関から台所までの廊下には電気が点いていなくて、薄暗い。

そこに母がいるんです。

近付きたいんですけど、身体は動かない。首も動かないので、母のほうを見ることができないんです。

それがすごく悔しくて、悲しいんです〉

彼女はそのコメントに、いつも通り適当に〈お母さんが会いたがっています。お墓参りに行ってあげてください〉と返信した。

すると後日、同じ人物から再び投稿があった。

〈母の墓参りに行きました。

お墓に泥がついていて、慌てて掃除しました。きっと母も困っていたんだと思います。その成果なのか、夢の中で、首を少し動かせるようになりました。ありがとうございます〉

彼女はいつもの調子で〈どういたしまして。定期的にお墓参りをして、お母さんを大切にしてあげてください〉と返信した。

次の日、同じ人物から再度投稿があった。

〈母のために仏壇を買いました。

今まで必要なものではないと思っていたのですが、母の死とようやく向き合えたような気がします。首が前より動かせるようになりました。

母が見えます〉

彼女は再び、いつもの調子で〈お母さんのこと、一日に一度は拝んであげてくださいね〉と返信した。

このときには、彼女はその人物とのやり取りを楽しみにしていたという。段々と変化する夢の内容を読むことが、彼女の日課になっていた。

その人物と彼女のやり取りは続き、その人物はとうとう、夢のなかで廊下の前にまで進めるようになった。

恐らく、次の夢でその人物は母親と再会する。

その日、彼女はその人物の投稿を読むために部活動を休み、早めに家に帰ったという。

パソコンを立ち上げ、ブログを開くと、コメントが投稿されたことを示す通知が届いている。彼女は急いでコメントを開く。

〈廊下の奥に行けました。

母ではありませんでした〉

以降、その人物からの書き込みは途絶えているという。

是非とも見てやってください

Cさんが小学生のころ、学校では怖い話が流行していた。

なかでも心霊スポットの話題は人気で、そのうちのひとつに、とある井戸の話があったそうだ。

Cさんの地元は少子高齢化の影響もあって廃屋が多く、その井戸も廃屋の中にあった。つるがびっしりと壁に張り付いたその家の軒先に、井戸は雑草に隠れるようにして存在する。井戸そのものは普通のもので、他の井戸とそう大差はなく、落下防止のためにコンクリートの蓋が乗せられていて、その近くには看板が立てられている。問題は、その看板なのだという。

そこには大きく、ぐちゃぐちゃの殴り書きで、

『是非とも見てやってください』

と書いてあるそうだ。

「井戸って蓋が外れちゃうと、落とし穴みたいで危険じゃないですか。だから注意喚起の

看板を置くってことはあると思うんですけど、アレはむしろ、井戸のほうに誘導してるというか。何人か同級生が肝試しに行ったみたいなんですけど、さすがに誰も井戸の中は見てないみたいで」

そんな折、Cさんはひょんなことから、友人であるAさんとBさんとともに、この井戸を見に行くことになった。

八月上旬の夕暮れ、Cさんたちは井戸のある廃屋の入り口で待ち合わせた。廃屋は、崩壊した瓦葺きの屋根に圧し潰されていて、既に家の形を成していない。Cさんたちは、中でも気の強いAさんに引っ張られるような形で井戸へと向かった。

井戸の少し手前には確かに、その看板が立っていた。とはいえ、乱雑に切られた木の板に、ビニールテープで何度も補強した跡のある紙がぞんざいに貼り付けてあるだけの、非常に粗末な代物だった。

しかし当時のCさんには、それが異様に不気味に映ったという。

するとAさんが「私が見てくるから、二人は待ってて」と、CさんとBさんを置いて、ひとりで井戸のほうに行ってしまった。

井戸の蓋は見た目よりは重くないようで、Aさんは井戸の蓋を、軽々とずらすようにして外した。そして井戸の中を数秒ほど覗きこむと、次の瞬間、片足からまたぐようにして井戸の中へと入ってしまった。

「あっという間の出来事でした。柵を乗り越えるみたいに、本当にごく自然な動作で入っちゃって。それを見たBも思わず近付いて覗きこんじゃって。それで、パニックになってうずくまってる私を親が見つけたときには、AもBもどこにもいなくて」

騒動の後、廃屋は急遽取り壊されてしまったのだという。井戸の所在も有耶無耶になってしまった。

「でもおかしいですよね」とCさんは笑う。

「もう入ったあとなのに、埋めても仕方ないでしょう」

AさんとBさんはいまだに見つかっていない。

雨森れに

（あめもり・れに）

平成元年生まれ。長野県出身、埼玉県在住。二〇二〇年より執筆活動を始め、参加書籍は七冊。その他、歌詞提供など活動は多岐にわたる。実話怪談では怪異を糸として預かり、布へと織り上げるように取り組んでいる。

★怪談マンスリーコンテスト受賞歴（過去二年）

二〇二二年一月　佳作
二〇二二年八月　佳作
二〇二二年九月　佳作
二〇二二年十月　最恐賞
二〇二三年二月　佳作

ビー玉

オハハさんの家と呼ばれるボロ屋があった。

いつ誰がそのように呼び始めたのかは不明だが、喜一さんが小学生のときには既に子供たちの肝試しスポットとして定着していた。

山の斜面にひっそりと建っている平屋で、周囲は長いこと手入れされていない。荒れ放題の庭は薮のようになり踏み入れることさえ躊躇するような状態だった。

この薮、子供が頻繁に立ち入るためか、子供の背丈まで屈むとうっすらとけもの道ができていた。これを進んでいけばオハハさんの家に着くのだ。

ある夏。喜一さんは同じクラスの三人に肝試しに誘われた。

「僕、行くの初めてなんだ。あそこには何があるの？」

「なんもないよ。オハハさんちは空っぽなんだ。でもね……」

ひとりがにたりと笑う。

「お婆さんがいたら『おかあさん』って声をかけるんだ。そうすると綺麗なビー玉がもらえるから、ビー玉を持って帰ってきた人が勝ちだからね」

勝った人にはみんなでお菓子を奢ると言われ、喜一さんはお菓子欲しさにふたつ返事で参加を決めた。


夕方に集まり、オハハさんの家の前でたむろした。

街灯が点くのを合図に、ひとり、またひとりと家へ侵入し、戻ってきては首を横に振る。

いよいよ最後、喜一さんの番になる。

ボロ屋の前に着く頃には、空が濃い紫色になっていた。

半開きのドアから、そっと中を窺う。

よく見えない室内に戦々恐々としながら一歩踏み出す。

そして更に一歩。

聞いていたように中には何もなく、がらんとしている。

かたり。

正面、家の最奥から物音がした。

目を凝らす。

壁かと思っていた影から、ぐにゃりと人影が分離する。

夕闇に溶け込んでしまいそうなほど黒いソレが、こちらに向かってきた。


「見えない……見えない……」


しわがれた声。お婆さんの声に思えた。

「あの、ごめんなさい！　あの、その、おかあさん……ですか？」

影がピタリと止まり、けたたましい金切り声が耳をつんざく。

「ご、ごめんなさい！」

逃げようとすると、影はものすごい速さで追いつき左手を掴んだ。

そして、何かを握らせてきた。

「やだ！　助けて！」

必死に手を振り払い、来た道を転がるように駆け出した。

逃げている途中、後ろを振り返ったが影が追ってくる様子はない。

街灯の下に戻ったが、待っているはずの友人らはいなかった。

置いていかれたというのが想像に容易く、先ほどの恐怖も相まって泣きながら町へ走った。

「ぼく、もしかして怪我してるんじゃない？」

駆けていると、知らない男性に呼び止められた。

指されたところを見ると、左手が赤黒く汚れている。

ずっと握りこんでいた拳を開くと、手のひらには一文字の切り傷。そして小さい塊がふたつ。

象牙色の弾力のあるものに糸ミミズを張り付けたような物体があった。

確かめるようにつまみ上げると、男性が「ひゃあ」と声をあげた。

へしゃげた小さい目玉だった。

喜一さんはそのまま病院に連れていかれた。

傷は深く、三針ほど縫うことになった。

警察が到着する頃には、目玉が人間のものではなく動物のものだということもわかった。

喜一さんが人影に握らされたと主張したので、事件の可能性も出てきたことになりボロ屋が調べられたが、なんの痕跡も見つからなかった。

ただ、ボロ屋の前、街灯の下には少量の「喜一さん以外の人間」の血痕が見つかったそうだ。

そして喜一さんを肝試しに誘ったクラスメイト三人。

驚くべきことに、彼らのことを誰もが覚えていなかったのだ。

オハハさんの家は、未だ取り壊されず、甲信越地方に存在している。

貝手形

祖父の危篤の知らせが入り、祐子は十年ぶりに帰省した。

祐子は高校卒業まで、その漁村で過ごしていた。

家は代々その土地で貝の養殖を生業としてきたが、親戚を含めても祐子の世代に男が生まれず、他の理由も重なって父親の代でやめることが決まっていた。

食卓には貝料理、工作に使うのは貝殻、庭木の栄養剤にも殻を砕いて使用した。

常に身近にあった「家で作った貝」の存在がなくなってしまうことと、自分が男に生まれなかったことがどうしようもなく心を重くして、県外の大学に進学したあとは一度も実家に帰省しなかったのだ。


家の近くまで行くと、何台もの車が停めてあるのが見えた。

既に親戚らが集まっているのだろうが、いつものように活気のある声が聞こえない。

淀むような静寂の中、門扉を過ぎると、すぐ横にある木に網でできた巾着が揺れているのが見えた。

かなりボロボロになっていて、巾着をひっかけてある釘さえ錆で覆われている。

『手形』の残骸だと祐子は思い出した。

祖父はこの巾着に貝殻をめいっぱい詰めていた。

不思議なことに、入っている貝殻は毎日なくなる。

それを祖父は嬉しそうに見ては、貝殻が尽きないよう補充していた。

何をやっているのだろうと一度だけ祖父に尋ねたことがある。

「なんでここに貝殻置いてるの？」

「これは手形なんだよ。神様が受け取ると我らの貝が増える仕組みさね」

神棚やお墓の扱いにうるさい祖父のこと。これも何かの儀式なのだろうと、理屈や仕組みもわからぬまま、このときは納得した。

実際、祖父の代で収穫量は大幅に増えたと聞いていた。

信心深さからか、まじめな気質だったからか――

そうして我が家を繁栄させた人間の命は間もなく消えるし、その人間が行っていたまじないのような儀式はとうの昔に廃れていたのだろうと考えると悲しみが増してきた。

自分が帰らなかった十年の月日を悔いながら、歩みを速めた。

「あぁ、ゆうちゃん。間に合ったのね。おじいちゃんのとこ行って、早く」

出迎えてくれた母親が、祖父のもとへ案内してくれた。

布団に寝かされている祖父の喉からは猫が出すようなゴロゴロとした音が出ている。

「おじいちゃん、苦しそうだけど……」

「もうすぐだと、こういう音が出るものなの。まだ聞こえるかもだから、何か話してやって」

急にそう言われても何も思い浮かばなかった。

「えっと、その……木にかけてあった貝殻。なくなってたから、あとで足しとくね。おじいちゃんが私に教えてくれたことだもんね」

祖父を安心させようとそんな言葉が出てきた。

家業が継げないからせめて儀式だけでもという思いやりからだった。

だが、その言葉を聞いた祖父に異変が起こった。

あとは臨終を待つだけの意識がない状態だったにも拘らず、窪んだ眼孔いっぱいに目を見開き、皺だらけの手で祐子を掴んだのだ。

乾いて白くなっている唇が、震えるように動き出す。

「か、貝を……き、きらすなァ……」

その一言を発し、険しい形相のまま、息絶えた。

すぅ、と最期に漏らした息はなぜか海の臭いを放っていた。

「わ、私、おじいちゃん殺しちゃったの？」

痙攣する喉からなんとか声を絞り出すと、あとからあとから涙が零れ落ちた。

横に座っていた父親が祐子から祖父の手をそっと外す。

「寿命だろさ。んでもそんな飛び起きるようなことだったかね」

父親に賛同するように、親戚の数人からも不可解だと声があがる。

そもそも貝殻がなんのことかわかっていない人間がほとんどだった。

各所への連絡は母親と祖母が担い、それ以外の人間は祐子に案内され、門のところへ集まった。

祐子が木にぶら下げてある巾着を指差す。

「おじいちゃん、この中に貝殻入れていたの。聞いたら、手形だって。神様が貝殻を受け取ると収穫を増やしてくれるみたいなこと言ってた……と思う」

「そう言われれば、確かに見覚えあるな」

父親や親戚らも急に合点がいったような表情になる。

どこそこの家もやっているなどの情報が飛び交い、儀式の詳細を知りたいと数人が聞き込みに出かけた。

が、戻ってきた人間、誰一人としてこの儀式の詳細を聞き出してくるものはいなかった。

なぜなら、どの家でも「カイガラムシ除け」として害虫予防を行っていただけで、そもそも吊るした貝殻がなくなることもなかったからだった。

結局、祖父が何を伝えたかったのかわからずじまいだったが、巾着に貝殻を入れることになった。

その夜。祐子が寝ずの番を父親と交代しようと仏間に入ると、海の臭いがたちこめていた。

吐き気をもよおすほど濃厚な磯臭さの中、父親の背中が見えた。

深く丸まった背中に、規則的な肩の動き。寝ているようだった。

「お父さん、代わるよ」

「え？　あぁ、夢か……そうか」

父親の顔色は悪く、よろめくようにして仏間から出ていった。

祐子は部屋の臭いをごまかすために線香を何本もつけ、祖父の隣に座った。

冷たい体を無心に眺めていると、外からカラカラと貝殻が落ちるような音がした。

巾着が落ちてしまったのだろうか。

窓を開けて外を見るが、暗すぎて何も見えない。

「神様が約束果たしにきたんだよォ」

急に聞こえたのは死んだはずの祖父の声だった。

振り向くと祖父が上半身を起こしていた。

「貝殻と交換だって言われたんだァ。貝殻がなかったらまずは男のわっぱ。次はわっぱ自体がいなくなるんだァ。その次は年寄りから順番にだよォ」

生前とは違う喋り方。

祖父の顔がぶるぶると震え始める。濁った眼は焦点が合っていない。

まるで壊れてしまったかのように、皺だらけの口元がかぱぁと開く。

口内から、磯臭い海藻混じりの薄茶色の水がだばだばとあふれ出す。

そして、臨終前と同じように、動けない祐子めがけて腕が伸びた。

「ゆうちゃん、代わるよ。布団で寝な」

目の前に母親の顔があった。寝てしまった感覚はなかったが、夢を見ていたようだった。

祖父の遺体は変わらずそこに横たわっており、線香は尽きていた。

布団にも濡れた痕跡や海藻はない。

不気味な夢を見てしまった。後味の悪い気持ちになりながらその場を後にした。


途中、リビングに寄ると未だに顔色の悪い父親がいた。

なんとなく自分と同じ夢を見たのではないかと思い至った。

祖父の夢を見た、と伝えると父親が頷いた。

「俺のせいなんだ」と嘆き、昔の話をぽつぽつと話し始めた。


子供の頃、悪戯で巾着から貝殻を取ってしまったことがある。

酷く叱られ、折檻された。そのときは意味がわからなかったが、二度と巾着を触ることもなかったし、近寄ることすらしなかった。だから存在すら忘れていた。

祖父は八日寝たきりになってから死んだ。

つまり八日間、貝殻が入っていなかった。

子供のいない、祐子の世代の人間は六人で――。

祐子の世代に男が生まれなかった理由が、たった一回、貝殻がなかったことによるものならば。

超過した二回のうちの一回でこの家の子孫は望めなくなり、残りの一回で祖父が亡くなったとするならば。

このあと、母親をはじめ寝ずの番を行った人間が「夢を見た」と顔色を悪くして仏間から出てくることが繰り返された。

この夢見は、祖父の体がなくなるその日まで続いた。

しかし。濃厚な、腐敗したかのような磯臭さが家から消えることはなかった。

祐子の祖父は今年で十七回忌を迎える。

子供の産声が一度も聞こえることなく、腐敗した海の臭いが染み付いた家。

未だに、庭には貝殻が揺れているという。

緒音百（おおと・もも）

佐賀県出身。大学時代に民俗学を専攻して語り継ぐことの楽しさに目覚め、怪談・奇談を蒐集する会社員。参加共著に『鬼怪談 現代実話異録』『呪術怪談』他。『かぎろいの島』で最恐小説大賞を受賞し、夏頃発売予定。

★怪談マンスリーコンテスト受賞歴（過去二年）
二〇二三年一月　最恐賞
二〇二三年二月　最恐賞
二〇二三年十・十一月　最恐賞

52 Pのクラス

十七年前、中野さんが高校一年生の頃。とある写真がクラスで議論を巻き起こした。

「異国情緒と言えば聞こえはいいんですけど、合成っぽさもある不自然な印象の写真でした」

どこかの広場を写した一枚。

撮影場所をPとする。

写真を持参した西君は「亡くなった祖父と出掛けた際に撮影したもので、具体的な場所は覚えていないが、絶対に本物である」と力説した。

仲良しクラスと評判だった一年四組は、Pの実在について支持派と懐疑派に二分された。

休み時間毎に地図を広げてはPを探し、Pに関する考察は白熱する一方。

場所を特定すべく昼休みや放課後は調査に費やした。パソコン室で検索したり、掲示板で尋ねたり、図書館で文献を読み漁ったり。

スケッチ大会ではクラス全員がPを描いた。「真面目に取り組め！」と頭ごなしに叱る美術教師に対し、中野さん達は冷ややかだった。

自分達は真剣なのだ。

しかし一向に手掛かりは掴めない。

五里霧中の状況はクラスをますます団結させた。

クラス会が開催され、カラオケで流れた曲の映像に一瞬だけ、Pが映った。

見間違いようもない、穴が空くほど確認した写真。

裏返したデッキブラシに蓮根を並べたみたいな風景。

——ここだ！

カラオケルームは狂乱の渦になり、映像の配信会社を調べ、代表で中野さんが問い合わせた。数日後に「問い合わせの曲に該当する風景はない」という返事。もう一度同じカラオケ店の同じ機種に同じ曲を入れたところ、Pはどこにも映っていなかった。

ここまで不屈の粘り強さを見せた一年四組も、さすがに落胆の空気に包まれた。

校庭に咲く梅の花が冬の終わりを教えていた。クラス替えまでがタイムリミットだと、誰しもが口に出さずとも感じていた。

Ｐは市内のどこかにあるのは間違いない。

「手当たり次第に探せば見つかるよ」と誰かの提案で、ちょっとしたクラス遠足が催されることになった。

数ヶ所の候補地を挙げ、何班かに分かれて時間が許す限り調べ回った。

しかしどこの班も成果はあがらず、時刻は夕方。

漂う諦めムードの中で一行は最後の候補地である原っぱへと歩く。夕焼け空の切なさも手伝って、一年間の思い出話に花が咲いた。もしＰが発見できなくても、皆で熱中した日々は何物にも代え難い青春だ。何年経ってもこのクラスの絆は忘れないだろうと。

見知らぬ女性がすれ違いざまに尋ねる。

「今日は遠足？」

「そうです。クラス全員で行きたい場所があって」

「一人足りないから無理じゃないの？」

馬鹿にするとも憐れむともつかない口調で去る女性の背中を見つめながら。中野さんは嫌な気持ちになった。近くで聞いていたクラスメイトも似た表情を浮かべている。

気分が削がれた。

やがて気まずさは苛立ちへ変わり、結局原っぱには行かずに解散した。

それきりPの話題は下火になった。

発端であった西君は「俺はいつの間にか蚊帳の外だった。あの写真はクラスの誰かが持っていったきり返してもらってない」と不満を述べた。終業式の挨拶で、担任教師が「このクラスの絆はずっと続くでしょう」と結んだ表情が印象的に残っている。

先生の言葉通り、卒業後も頻繁にクラス会が開かれた。

その度にPの思い出話になったが、決まって誰かが「やめて！」とヒステリーを起こすので、やがて話題にのぼらなくなった。

「一年四組では入学してすぐに一人の生徒が亡くなりまして。今思えば、その共通体験がクラスの一体感を生んだのかもしれません」と中野さんは語った。

何の旅行

一泊二日の自由気ままなレンタカー旅行。

坂野さんの運転で山道を走行中、季節外れの雪が降り始めた。ワイパーが払いきれない大粒の雪は、なかなか溶けずにフロントガラスに付着し、視界は悪くなる一方。

助手席の友人が呟いた。

「……危なくね？」

天候が回復するまで休むことにし、路肩に停車する。

雪景色の向こう、山側の丘陵一帯から白煙が立ち上っている様が見えた。

野焼きだろうか。いや——山肌のそこかしこに大小不揃いの穴ぼこが空いており、そこから絶え間なく綿状の物体が吐き出され、まるで雪のように降り注いでいるのだ。どうりで溶けないわけだ。

「山の毛穴みてぇ〜」

友達の軽口に、どう返事をすればいいかわからなかった。とりあえず動画を撮ろうとスマホを構える。誤ってインカメラにしてしまい、自分の顔がアップになった。

——俺、どうして笑ってんだ？

「おーい。よくわからないモン飲み込んだらヤバそうだから、口閉じろって」

言われて焦った。

しかし口は閉じるどころか勝手に大きく伸びてしまう。

焦って呼吸が荒くなったのが災いし、一塊の綿がひゅんっと喉奥に吸い込まれた。

「気味悪いし、もう行こう。俺が運転代わるから」

開いたままの口からダラダラと涎を垂らす数分間は、とてつもなく長く感じた。一生このままだったらどうしようと不安が過ぎり、山を下りてようやく治ったときは心底安心した。

町はさっきまでの銀世界が嘘のように晴れ渡っている。

「アレ何だったのかな」

「普通にゲエラゴだろ？」

「ゲ……？　あ、なるほどー」

あたかも常識かのように言われたので見栄を張った。しっかり飲み込んでしまったことは、言えなかった。

安心したせいか強烈な尿意を覚え、途中の道の駅で用を足し、足早にレンタカーに戻る――と、車内には誰もいない。あいつもトイレだろう。

そうして待っている間に宿の予約内容を確認し、ぞっとした。

誰も戻ってくるはずがない。

だって今日は、突発的に思い立って出発した一人旅なのだから。慌ててレンタカーを発進させた。車内には飲みかけの缶コーヒーが二つ置いてある。

恐怖のあまりいても立ってもいられず、旅程を繰り上げて帰途についた。

あれは何で、友人は誰だったのか、未だにわからずじまい。ゲエラゴとやらを調べてみたら自分が見たものとは全然違った。

「今でも時々、あの旅行を夢に見ますよ」

そう話す坂野さんの顔はどことなく楽しそうだった。

油まみれの紙人形

　とある地方の中小企業に勤める尾山さんは福利厚生に関する業務を担当しており、社員食堂の運営もその一環だった。調理や提供、衛生管理等のすべては外部に委託しているので、尾山さんはあくまで窓口係である。

　ある日の午後二時頃。厨房責任者の堤リーダーから「グリストラップに人形が落ちています」と内線電話が入った。

　グリストラップとは、厨房排水に含まれるごみや油がそのまま下水道に流れぬよう分離させる装置のことだ。

　若干の潔癖症である尾山さんとしては積極的に覗きたいものではないのだが、仕事上放っておくわけにもいかない。渋々駆けつけると、待っていましたとばかりに堤リーダーが「これです」と足元の金属蓋を持ち上げた。

　油や生ごみの欠片が浮かぶ様は吐瀉物のようでやっぱり苦手だ。

　そこに白く平たいものがぷかぷかと浮かんでいる。

はじめはキャベツの切れ端かと思ったが、よくよく見ればそれはA4サイズ程の紙で作られた折り紙だった。

人形というより『やっこさん』である。

「これで三度目ですよ」と堤リーダーは言った。「ここは誰でも開閉できるので、部外者が投げ入れているのだと思います」

排水にごみを捨てられたとて痛くも痒くもない。しかし今回はグリストラップだったからいいものの、悪戯がエスカレートして厨房内や食事への異物混入に発展しかねない……し、しないかもしれない。

様子見しましょう、と問題を先送りすることに決めた。

それからも人形騒動はたびたび起こり、何度も呼び出しに応じたが、頑としてあの汚い紙人形は触らなかった。こんなことくらい報告せずにさっさと片付けてくれればいいのに、こっちが嫌がるのをわかっていてわざとやっているんじゃないか。

十数回目の電話を切った後、そう上司に愚痴を零したのがまずかった。

堤リーダーの悪戯だとしたら悪質だから今回はお前だけで現物を確かめてこい、と指示されてしまったのだ。

墓穴を掘るとはまさにこのことだ。

夜八時頃。臭気を我慢して液面へ手を伸ばす。電話で伝えた通り、堤リーダーは紙人形を放置して退勤したらしい。

摘まみ上げた紙人形の表面にはびっしりと文字が記されていた。

油で滲んで何が記されているのかわからない。

恨みごとか告発文だろうか？

いかにも呪いの人形だなとぞっとした直後、一部の文字が目に留まった。


冷凍里芋、豚肉小間切れ、カットキャベツ。


あ。これは呪いの文字じゃない。

食材の納品書だ。

それなら犯人は食堂の人間では——と脳裏にスタッフの顔が次々に浮かんだとき、風に煽られた紙人形が胸元に張り付き、あまりの汚さに思わず悲鳴をあげた。慌てて引き剥がそうとしても赤ん坊のようにしがみついてくる。

「あのー。何かわかりましたか？」

背後から堤リーダーの声がした瞬間、ぱっと紙人形が離れた。それは槽内に落ちるや否や四肢をバタつかせて水飛沫《みずしぶき》を立てる。

まるで沈むのを嫌がるように。

二人して唖然と見守る中、紙人形はだんだんぐったりとし、やがて静かになった。

互いに「今の何ですか」と尋ねるも当然答えは出ない。

「今思えば、排水の流れで動いたように見えただけなのかもしれません」と尾山さんは言う。

あの夜、尾山さんは深夜に突然具合が悪くなり入院。原因不明の胃腸炎でげっそり痩せて復帰したときには、堤リーダーは職を辞して、代わりに若い責任者が着任しており、紙人形の騒動はそれきりである。

娘の球根

狭山さんの娘、香織ちゃんはズボラな女の子だった。ランドセルの底には潰れたプリントが溜まっており、ひどいときにはカビパンが発見される。だらしない性格は高校生になると幾分ましになったそうだが、そんな香織ちゃんが小学生の頃の話。

その年、理科の教材に〈ヒヤシンスの水栽培セット〉という物があった。

狭山さんが二者面談で学校を訪れた際、教室に並べられた透明の容器は瑞々しくきらきらと光って見えた。

しかし大半の球根が発芽している中、香織ちゃんの球根は固く閉じたまま。

「水が濁っていたので、こっそりと替えたのを覚えています」

そんな母のフォローも虚しく、香織ちゃんの花が咲くことはなかった。

ある日の夕方。

ヒヤシンスを容器ごと持ち帰った香織ちゃんは、帰宅するなりこう言った。

「お母さん。これ切ってえ」

反抗期に突入した娘にしては珍しい、甘えた声。

小さな掌に載った、腐った球根。

ちゃんとお世話をしてあげなかったがために死んでしまった哀れな植物である。娘に言いたいことは山程あったが、発芽しなかった原因を自分の目で確かめようとする好奇心は尊重してあげたい。

まな板に球根を置き、果物ナイフの刃を当てる。

切れ味が悪いせいで上手く切断できない。表皮がぼろぼろと剥げ、汁が滲み、指の腹が濡れる。

それでも何とか娘に応えてやろうと、母の意地で懸命に刃を動かした。

「お母さん、頑張って」

額からぽたぽたと汗が落ち、手がぬめってナイフの柄が何度も滑った。ささくれ立った筋が皮膚を突き破って血が滲む。球根から生えた根は黒く変色しており、まるで小さな頭部のようだ。

「頑張れ、お母さん、頑張れえ！」

無邪気な声援に娘の幼い頃を思い出し、絶対に諦めないぞとますます力が湧いた。

ようやく切り終えると、玉葱に似た断面が現れた。達成感とともに「切れたよ！」と振り返ると――。

そこに香織ちゃんの姿はなかった。

あれ？　と思っている内に玄関の開く音がし、またしても香織ちゃんが帰宅した。

「香織、さっき一度帰ってきたよね？」

「はぁ？」

「ほら」と真っ二つに割れた球根を見せても要領を得ない。

ヒヤシンスはまだ学校に置いていると言い張る。

噛み合わない母娘の会話に、香織ちゃんはランドセルを床に投げつけて子供部屋に閉じ籠もってしまった。

球根はビニール袋に入れて保管したものの、次の日には異臭を放ったので生ゴミと一緒に捨てた。

今でも玉葱を切るたびに、この日のことを思い出す。

本物の娘ではなかったのかもしれないが、疲れたときや落ち込んだときには「お母さん、頑張れ」の言葉を反芻《はんすう》して励まされるのだと、狭山さんは言った。

当の香織ちゃんは現在二十代後半。一度大喧嘩をしたきり、今も音信不通だそうだ。

緒方さそり

（おがた・さそり）

群馬県在住。O型。蠍座。趣味、深夜ラジオを聴くこと。小五の頃から超怖い話を愛読している、純情派怪談ジャンキー。本書と同日刊行の『投稿　瞬殺怪談 怨速』の方にも、『車ピザ』が収録されている。

★怪談マンスリーコンテスト受賞歴（過去二年）

二〇二二年十二月　佳作

二〇二三年七月　最恐賞

ハシビロコウ

新婚の亜美さんは、妊娠検査薬を持って、自宅のトイレのドアを開けた。

すると、トイレの床に、ハシビロコウが立っていた。

驚きに目を丸くする亜美さんの前で、ハシビロコウは身動きもせず悠然と佇んでいる。

私、夢でも見ているの？　と自分の頬を抓《つね》ってみたが、普通に痛くて現実だった。

亜美さんが戸惑う内に、ハシビロコウの姿は煙の如く消え去った。

訳が分からぬまま、とにかく亜美さんはトイレに入り、妊娠検査を行った。

結果は陽性。早速産婦人科を受診すると、変に思われないかなと心配しつつ、亜美さんは、妊娠検査前にハシビロコウを見たことを、医師に話した。

「たまに同じ体験談を聞きますよ」と医師は笑った。「ハシビロコウの和名は『嘴《くちばし》の広いコウノトリ』。その嘴のように、大きく丈夫な赤ちゃんが生まれる吉兆です」

後日、亜美さんは元気な男の子を出産した。出生体重の平均より大きめの、丈夫な赤ちゃんだった。

蟻占い

現在高校一年生の三村君は、小学三年生のとき、とある小学校に転校した。

その小学校は、朝の登校時は班での集団通学が規則だった。三村君も、家の近所の児童の通学班に加わった。

その班に、石川君という同級生の子がいた。

石川君には、変わった日課があった。

班の集合場所は、公園の前だった。

石川君はいつも、その公園前に集合時刻より早めに来て、屈み込んで地面の蟻を一匹捕まえ、その六本の足と二本の触覚を、一本ずつ指で摘んで引き抜きバラすのが習慣だった。

ある朝、三村君は怪訝に石川君に訊いた。

「何で蟻をバラすの？」

「蟻占いだよ」

石川君は、普段通りに蟻の足を引き抜きながら、にべもなく言った。左手の指先で蟻を挟み持ち、その六本の足を、片や右手の指先で次々と器用に摘み取る。

「蟻の足と触覚を、付け根から全部、綺麗にもげたら、今日はラッキー。失敗したらアンラッキー。足は簡単だけど、触覚は力加減が微妙に難しいんだ。下手に力を入れ過ぎると、頭ごともげちゃう」

言う傍から、石川君が蟻の触覚を摘んで引っ張ると、触覚が付いたまま頭がもげた。分離した頭と胸の間に、体液が糸を引く。

「お前が話し掛けたせいで、気が散って失敗した！　今日はきっと最悪の日だ！」

石川君は癇癪を起こし、地団駄を踏んで怒った。

三村君は慌てて石川君の傍から逃げた。そのうち石川君は蟻に祟られるぞ、と子供心に思った。一寸の虫にも五分の魂だ。石川君は既に何匹も蟻を惨殺している。

班の全員が揃うと、通学路を出発した。

石川君は班でも浮いた存在で、決まって皆から少し離れて最後尾を歩いた。

途次、進路の遮断機が下りて、踏切待ちになった。

警報機が鳴り響く中、踏切に電車が迫ってくる。

と、石川君がいきなり駆け出し、遮断機を潜って踏切内に飛び込んだ。

「た、助けて！　足が勝手に……」

走った！　と叫びながら、石川君は電車に跳ね飛ばされた。

三村君の目には、なぜかその瞬間が、スローで鮮明に見えた。

電車に撥ねられた瞬間、石川君の左右の手足が、肩と腿の付け根から綺麗に分離して、バラバラに飛び散った。

まるで石川君が蟻の足と触覚を引き抜くのをマネして、見えざる巨大な手が、石川君の四肢を抜去したかのようだった。

石川君の頭部は残されたが、蟻の触覚代わりと言わんばかりに、頭皮がヘルメットを脱ぐように丸々剥がれ飛び、その下の頭蓋骨が露わになった。

蟻占いで、石川君に殺された蟻を彷彿とさせる、無残な最期。

電車と衝突した力の流れが、何か霊的な力の作用で変則し、超常的に石川君の体を破壊したとしか思えない、奇妙な人体の損壊。

石川君の足が、勝手に駆け出し線路内に入ったことといい、もはや蟻の祟りとしか思えなかった。

人身事故の現場は騒然となり、沿線付近の大人達も集まった。石川君の轢死を目の当たりにした激しいショックで、揃って顔色を失った班の子供達は、大人達の誘導で、近くの子供一一〇番の家に避難した。そして各々の保護者に連絡がなされ、保護者が迎えに来た子から、順々に帰宅した。

　三村君も専業主婦の母親に付き添われ家に帰った。班の中で唯一、自業自得ともいえる石川君の死に余りショックを感じなかった三村君は、ランドセルを置くや、小遣いを持って最寄りのコンビニへ走った。

　一番くじを引くためだ。

「僕が見た石川君の死に様は、手足も、触覚代わりの頭皮も綺麗に取れて、蟻占いで言えばラッキーだから、ツキが有るかなって」

　一番くじは見事にA賞が当たりました、と三村君は笑った。

古井戸フレンド

一九八〇年、携帯もネットも普及していない時代、文通が流行りだった。学習雑誌などには、文通相手の募集欄が掲載されていた。

当時中学二年生だった陽子も、その春から同い年の智子と文通を始めた。

互いの住所は隣県で、その日の昼間に郵便ポストに投函した手紙が、平日なら二日後、配達が休みの日曜を挟むと三日後に届いた。

初めは相手を『さん』付けで書いていた畏《かしこ》まった文章も、夏休みに入る七月二十日迄には『ちゃん』付けで呼び合う砕けた文面になっていた。以下、その書簡の抜粋。

『智ちゃん、いよいよ夏休みだね！　夏といえば怖い話！　私の家の裏庭には、古井戸が有るの！　夜に見ると、幽霊が出てきそうで、ゾッとしちゃう！』

『陽ちゃん、奇遇だね。私の家の裏庭にも、古井戸が有るよ。

こんな伝奇を知ってる？　もし二つの古井戸が地脈で繋がっていた場合、その穴の中に話し掛けると、地脈を通じて糸電話みたいに声が届くんだって。

陽ちゃんがこの手紙を読むのは、二十四日だよね。その日、家族が寝静まった夜中零時に、お互いの古井戸に向かって、こっそり喋り掛けて試してみよう』

『暗い古井戸の底から、本当に微かにだけど、智ちゃんの声が聞こえてきてビックリ！一緒に行こう、一緒に行こうって言ってたよね？

もっと声を良く聞こうと、井戸の中に身を乗り出したら、その姿を運悪く、たまたま起きてきたお父さんに見つかって、こんな夜中に何してるんだって怒鳴られて、家に連れ戻されちゃった！　一人で肝試しをしていただけって誤魔化したけど！

一緒に行こうって、実際に会って旅行にでも行こうって意味かな？　いいよ！　いつか必ず行こうね！』

その手紙を陽子は二十五日の朝、塾の夏期講習に行く道中、郵便ポストに投函した。その日は夕方まで丸一日、塾で講習だった。

七月末に返信の手紙が来た。

『陽子さんへ。初めまして、私は智子の母です。智子に代わって、手紙を読ませて頂きました。

突然ですが、智子は二十四日の夜中に、古井戸に身を投げて自殺しました。

当夜、陽子さんが聞いた智子の声は、その霊の声です。

一緒に行こうは、一緒に逝こう、つまり一緒に死のうという意味だと思われます。成仏するよう、こちらでも重々お祓いしますので、陽子さんの方でも善処お願い致します』

予期せぬ智子の自死の訃報に、陽子は愕然とした。手紙を読んだ自室を駆け出て、裏庭へと急いだ。

そこには既に古井戸はなかった。

実は去る二十五日の夕方、陽子が塾から帰ったときには、古井戸は埋め立てられていた。前夜のことに怒った父親が、旧知の土建屋に強引に頼んで、陽子が塾で不在の間に、お祓いも抜きで突貫で埋め立てを施工したのだ。

陽子は古井戸が有った場所に屈み込み、地面に耳を当ててみた。

すると地中から「一緒に逝こう」と再び智子の声が聞こえた。

あの夜、古井戸に身を乗り出した所を、もし父親に見咎められていなければ、きっと陽子は智子の声に惹かれ、古井戸に飛び込み道連れになっていた。

だが、その父親がお祓い抜きで井戸仕舞いをしたために、智子の霊はそこに居着いてしまったのだ。

後日、古井戸跡のお祓いを実施したが、埋め戻した後では手遅れで、地面の下の智子の霊は除霊できなかった。

それから四十四年の歳月が経ち、陽子も今や五十八歳。その間、結婚した夫と新居で家庭を築いた。

実家の古井戸跡には怖くて近寄らずにいるが、陽子が地面に耳を当てれば依然、地中の智子が囁くのだろう。

「一緒に逝こう」と。

処刑の森に響く声

裕一さんは、都内在住の会社員だ。

彼が小学四年生、十歳だったときの話である。

当時彼は、地方の実家で両親と弟と暮らしていた。その実家の近くには、戦国時代に処刑場だった森が存在した。そこは地元では有名な心霊スポットだった。

その年の夏のある日、裕一さんは、夜中に両親の寝息を窺って家を抜け出し、件の森に肝試しに向かった。

年子の九歳の弟も一緒だ。

森までは自転車を漕いだ。ズボンのポケットには、懐中電灯を携行した。

兄弟は森の前に自転車を停め、共に懐中電灯を片手に、夜闇に沈む森の中に踏み入った。

懐中電灯の光輪を怖々周囲の暗い木立の四方に巡らせながら、裕一さんは弟と肩を並べて、鬱然とした森の奥へ歩いていった。

そのとき、辺り一帯に突如、

「ぎゃあぁぁぁ！」

と凄まじい男性の悲鳴が響き渡った。

まるで処刑された者の断末魔だ。

度肝を抜かれた裕一さんと弟は、元来た道を一目散に駆け戻った。

森から脱するや自転車に飛び乗り、全速力の立ち漕ぎで家路を辿る。

息を切らして家の前に到着し、兄弟は自転車を降りた。

「おい、さっきのスゲェ悲鳴だったな！」

裕一さんは、本物の霊体験に恐怖しながらも、興奮に声を荒らげ弟に言った。

対して弟は、青ざめた顔で、ガタガタ震えて怯え切っている。

「悲鳴？　俺には『ユウジーー！』って呼び声に聞こえた」

ユウジは、弟の名前だ。

次の日の夜中、今度は弟は一人きりで、裕一さんも両親も寝静まった隙に外出し、歩いて森に向かった。

何かに呼び寄せられたように。

そして早朝、森の奥の木で首を吊っている所を、犬の散歩中の人に発見された。

弟は首を吊る際、古びた麻縄と木製の脚立を使用していた。

その麻縄を高い木の枝に結び、足場にした木製の脚立を蹴倒して、首を括ったのだ。それらは誰かが、弟の縊死《いし》を幇助するために用意した物らしいのだが、その出所は全く知れなかった。

母の味

愛さんは赤子の頃、都内の乳児院の前に捨てられていた所を保護された。三歳まで乳児院で過ごした後、児童養護施設に入所した。

小学生の頃は度々、みなしごの境遇をからかわれた。四年生のある日も、学校で意地悪な同級生の男子に揶揄され、施設に帰ってからも悔しさが収まらず、消灯後もベッドの中でムシャクシャし、夜半過ぎまでまんじりともしなかった。

寝付けない愛さんは居室を抜け出し、そぞろに食堂へと向かった。

夜中の無人の食堂内は、オレンジ色の保安灯が仄《ほの》かに点るだけの、薄暗がりの空間だ。その薄暗がりの中、愛さんが泣きべそを掻きながらテーブルに着くと、一人のオバチャンが、

「これ食べて元気だしな」

と箸を付けて、一杯の味噌汁を出してくれた。愛さんがお椀を持って一口啜ると、優しく温かい風味が胸に沁みた。自分が知る由のない『母の味』という物があるなら、こんな

味なのではと感じ、夢中で完食した。

いつの間にかテーブルに伏して眠り、気が付くと朝だった。味噌汁のお椀も箸も、それを出したオバチャンも消えた。第一、あんなオバチャンは元々施設にはいない。

夢を見ていたのか、と愛さんは思った。夢だから、あの謎のオバチャンや、突然味噌汁を出された不思議な状況を、何の疑問も挟まずに素直に受け入れたのだ。

でもあの味噌汁の風味は、はっきりと記憶に残っている。

『母の味』だと感じた、あの夢の味噌汁をまた食べたい。そう切望した愛さんは、その味の再現の為、味噌汁の研究に取り組んだ。施設の炊事では、進んで味噌汁の調理を手伝った。

高校を卒業し、就職して自立した頃には、夢の味噌汁のレシピはほぼ完成していた。具は豆腐とワカメで、昆布と煮干しを一晩水出ししたダシを加え、白味噌で仕立てる。使用する白味噌は、スーパーで買える物でも美味しいのだが、何か物足りなかった。

二十歳の誕生日、愛さんは職場の同僚の男性から、プレゼントを貰った。彼の故郷である九州の、御当地の白味噌だ。ネットで取り寄せた、スーパーにはない逸品である。

「味噌汁作りが趣味って聞いたから」

と彼は照れ臭そうに言った。以前から愛さんに好意があるようで、愛さんもそれを意識していた。

もしや、と直感した愛さんが、その白味噌を使って夢の味噌汁を作ると、期待通り、追い求めた『母の味』に仕上がった。

それを契機に、愛さんは彼と交際し、結婚した。

今では一児の母で、幸せな家庭を築いている。その幼い息子にとって、愛さんが作る夢の味噌汁は、まさしく『母の味』だ。

「今にして思えば、夢の味噌汁は、一種の予言だったのでしょうか。その味噌汁の完成に寄与する男性と結婚すれば幸せになれる、私の子供にとってそれは『母の味』になると」

愛さんは穏やかに笑んだ。

「私が十歳のとき、謎のオバチャンに貰った味噌汁の風味をはっきり覚えていたのは、その体験が夢ではなく、やはり現実の出来事だったからだと思います。

もしかしたら、あの謎のオバチャンの正体は、私の母だったのかも。

母の存否は分からないので、生き霊か亡霊かも不明ですが、訳あって手放した娘の幸福をずっと願って、あの日、私を導いてくれたのでは……そう信じています」

堕胎と卵

綾子さんは二十歳のとき、男遊びで妊娠してしまい、中絶手術を受けた。
後日、玉子焼きを作るために、キッチンに立った。
中絶後に初めて、卵を手に取る。
卵を割るのは得意だ。
右手に持った卵の中央を、俎板《まないた》の面に軽く打ち付け、殻にヒビを入れる。
その割れ目に両手の親指を入れ、ボウルの上でゆっくりと、殻を綺麗に左右に開く。
殻から出た生卵が、ボウルの中へ溢れ落ち――。
「きゃあぁぁ！」
綾子さんは悲鳴を上げ、腰を抜かした。
ボウルの中にぼとりと落ちた物が、生卵ではなく、胎児の死体だったからだ。
以来、綾子さんが生卵を割ると、生の胎児の死体が現れ、茹で卵を割ると、茹でた胎児の死体が現れる。

ほらね、と物憂げに割って見せてくれた卵はしかし、私の目にただただ普通の生卵だった。

件の胎児の死体は、その子を堕胎した綾子さんの瞳にしか、映らないのだろう。

ふうらい牡丹
（ふうらいぼたん）

一九九一年生まれ、大阪在住。本業は上方の落語家。二〇一八年から　マンスリーコンテストに投稿を始める。日常の足場が崩れるような、認識や記憶がずれる体験談を特に好んで蒐集している。

★怪談マンスリーコンテスト受賞歴（過去二年）
二〇二三年九月　佳作
二〇二三年十一月　最恐賞

犬の墓石

山陰地方の山間部出身の省吾さんが中学生の頃の話。

省吾さんの家の近くに大きな土地持ちの親戚の家があった。

その一家は省吾さんの家の本家筋に当たり、家の裏の山を丸ごと所有していて、省吾さんはその家の同年代の男子であるYと親しかった。

その家にロクという老いた和犬がいた。ロクはYに連れられてよく散歩していたそうで、自分の家では犬を飼うことが禁止されていた省吾さんもロクを可愛がっていたらしい。

ある年の夏、Yからロクが死んだことを聞かされた。

落ち込むYを慰めつつ、省吾さんも涙を流した。

「お墓は？」

「裏山にある」

そう聞いた省吾さんはYに案内してもらい、その家の裏山へ足を踏み入れた。

山といっても小さな林のようなもので、チェーンを外した入り口から林道を上り、数分で墓のある開けた所に着いた。

少し異様な光景だったという。

子供の頭ほどの石が何十個と置いてある。Yはそのうちの一つを指して「これがロクの墓」と言った。

しゃがむYに近づいた省吾さんもその石の前でしゃがんで、とりあえず手を合わせた。

二人とも立ち上がりしばらく沈黙していた。

が、省吾さんはYに尋ねた。

「これ全部お墓？」

「うん。昔から家で飼ってた犬が死んだら焼き場で焼いた後、この場所に埋めて供養してるらしい」

俺は埋めたところを見ていないけど、と言いつつ、Yは続ける。

「そんでな、近所のE川あるやろ？　あそこから持ってきた石を犬の骨埋めたとこに置いて墓にするんやって」

そう聞いて「へえ」と返した省吾さんだったが違和感を覚えたらしい。

「石が多すぎたんですよ。Yに尋ねても、Yの親や祖父母が何頭も犬を飼っていたなんて聞いたことがないと言うし、犬の寿命を考えたら何十個も石があるのは変だと思ったんです」


たしかに苔むして時代を感じさせる石も幾つもあった。ただ供養というわりにはYが持ってきたロクのお供えの花以外に花も線香も見当たらない。

親たちが埋めたところも見ておらず、この石がロクの墓だとだけ教わったYも詳しいことは知らないという。

(本当にここにロクが埋葬されているんだろうか)

省吾さんはそんな疑いまで持ったが、さすがにYには聞けなかった。

以来、その山には入っていないという。


省吾さんが高校に進学する頃、家族で大阪に引っ越したが、元々遠縁の分家だったこともあり、Yの家ともYとも疎遠になったそうだ。

どういうわけか引っ越してからは犬を飼ってもいいと親から許可が出て、喜んだ省吾さんは家で犬を飼うことになった。今では親の方が可愛がっているという。

牛蛙

都会育ちの直樹さんは小学校五年生の林間学校のときに初めて田舎の夜を体験した。

「祖父母の家も都会にあったし、家族旅行でも山に泊まることがなくて……」

そのためどうなるか不安で仕方がなかったが、そんな不安を掻き消すように皆で作る夕食やキャンプファイヤーなどのイベントを楽しんで過ごしたという。

部屋に戻ってしばらくの間は同室の友達と気楽に遊んでいたものの、消灯後、ベッドに潜ってからは、知らない空間で家族以外の人間と寝ているという緊張感からか中々寝つけない。

直樹さんたちの部屋は六台のベッドが三台ずつ部屋の両壁沿いに並んだ長細い部屋で、直樹さんのベッドは部屋の奥、窓側に位置していた。

窓からわずかに月明かりが入るが、これまで経験したことのない暗闇である。

不安を紛らわせるために、唯一視界に入る向かいのベッドの友人Tに小声で話しかけても、彼はすぐに寝入ったようで反応しない。

ぶぉーぶぉー。

窓の外からウシガエルの鳴き声が聞こえる。

日が暮れてから虫の声とともに聞こえ始め、そこで「これがウシガエルの声だ」と教わったときは（へえ、こんな声なんだ）と感じただけだったが、皆が寝静まって静寂に包まれると、その声の不気味さは直樹さんの不安を増幅させた。

ぶぉーぶぉー。

堪らず、また小声でTを呼ぶ。

が、またしても反応はない。

同じ部屋の他の四人も寝ているようだった。

（どうして皆こんな音が聞こえる中で眠れるんだろう）

直樹さんは不思議に思いながら、自分も早く寝よう早く寝ようと、鳴き声を気にせずできるだけ目を開けないようにしていた。

どれほど経ったかウトウトと眠りに落ちそうになったとき、向かいのTが起き上がる気配で直樹さんは目が覚めた。

Tはベッドから下りて部屋の入り口に向かってふらふら歩き、ドアを開けて部屋から出ていったようだった。

（トイレかな？）

せっかく寝られそうだったのにと直樹さんは心の中で愚痴る。

ぶぉーぶぉー。

再びウシガエルの鳴き声が頭の中に侵入してくる。

直樹さんはそれを追い払うようにぎゅっと目を瞑るものの、少しだけ訪れた眠気は去ったようで眠れない。

すると、

ぶぉーー。

鳴き声が一段と大きく近くで響いた気がして思わず目を開けた。

気のせいかもしれないが、これでは眠れない。

（そうだ。Tと廊下で何か喋ろう）

そう考えた直樹さんはそろそろとベッドを下りてドアに近づいた。

ぶぉーー。

廊下に出ると、鳴き声がすぐ近くで響き、直樹さんは一瞬で身を強張らせた。

恐る恐る音のする方に顔を向けると、非常灯だけが点いた暗い廊下に立つTの姿が目に入った。

ぶぉーー。

その声はTが発していた。

「ひ」

直樹さんは息を呑んだ。見てはいけないものを見たような気がして、慌ててドアを開け部屋に戻り、ベッドに潜り込む。

震えながら耳を塞いでいたがTの声はずっと響いていた。


気がつけば眠りに落ちていて朝を迎えていた。

向かいのベッドには何事もなかったようにTが寝ている。

起床時間を告げる放送が流れ、目を覚ましたTに昨晩の悪夢のような出来事を話せないでいると、Tが直樹さんに話しかけてきた。

T曰く、彼も全然寝つけなかったらしい。

「カエルの声で？」

直樹さんが聞くと、

「カエルの声なんか知らない」

と答える。

Tの話では、彼がベッドに入ってからしばらくすると、Tの名前を呼ぶ声が部屋の外からずっと聞こえていたのだという。

それは何人もの人間がTを探しているかのような声だった。

怖くてずっと聞こえないふりをしていたが、声が急に耳元で聞こえて我慢できずに部屋を飛び出した、ところまでは覚えているが気がつけばベッドで寝ていたという。

「だから全部夢かも」

あー怖かったと、大げさな口調で言った。

Tはその場で自分の体験を夢として片付けたようだが、直樹さんは自分が見たTの姿を二十年以上経った今でも夢だとは思えないそうだ。

熱

晩秋のことである。

会社員の真一さんは休日に彼女とランチデートしたあと、二人で公園を散歩していた。

その公園は二人とも初めて訪れた場所だった。

秋晴れの下、色づいた木々を見ながら広い敷地を気分よく散策し、園内の池の前のベンチに座って休んでいると、俄に空が曇って陽が遮られ、一気に肌寒くなった。

そのせいか真一さんは急に腹が痛くなって催したそうだ。

「トイレ行ってくるからちょっと待ってて」

彼はそう彼女に告げると、近くにある公衆トイレに駆け込んだ。

綺麗に整備されたトイレの個室のドアを開けて中に入る。

入った瞬間、真一さんは個室内が異様に暑いことに気がついた。

まるで暖房がガンガンに効いているかのような温度で、室内を見渡す。

天井はあるが壁との間に隙間もあり、室内の空気は外気とも繋がっている。

暖房器具らしきものもない。

訝しみながら真一さんは便座に腰掛けて用を足そうとするが、温度はどんどん上がってサウナに入っているような気分になった。

厚着しているせいか、腹痛による脂汗に混じって暑さによる汗も身体中から噴き上がる。

寒い外にいたときとの気温差もあって目眩を起こして意識を失いそうになるほどだった。

用を足し終わって個室から出ると、外は先ほどと変わらない肌寒さだった。

ふらふらと彼女の待つベンチに戻ると、

「汗びっしょりだけど大丈夫？　顔色悪いし」

心配する彼女に今あったことを伝え、気分が悪いことを訴える。

「どこかに暖房があったのかな」

と不思議がりつつ、彼女は真一さんにベンチで休むように促す。

彼女の肩にもたれてぼんやり池を眺めていると、今度は服に染みた汗が急激に冷え始めて寒気を覚えた。

「風邪引いたらダメだからもう帰ろう」

彼女の震えにすぐに気づいた彼女にそう言われ、真一さんはベンチを立った。

帰り道、先ほどのトイレの前を通ると彼女が尋ねた。

「ここだよね？」

真一さんが頷くと、

「ちょっと見てくる」

と言ってトイレの中に入っていった。

「女子トイレの方は全然暑くなかったよ」

すぐに出てきた彼女が言う。

二人で歩き始め、トイレから遠ざかろうとした瞬間、

「あのトイレの個室は昔、焼身自殺があったからね」

不意打ちのように隣から聞こえた言葉にぎょっとした真一さんは彼女の方を振り向いた。

何の感情も籠もっていない棒読みのような言葉だったが、それは紛れもなく彼女の声だったからだ。

彼女は真一さんに顔を向けることなく、それまで彼が見たこともない薄ら笑いを浮かべていた。

真一さんは咄嗟に彼女の頬を平手で打ってしまったという。

彼はそれまでもそれ以降も、女性どころか誰に対しても手を上げるようなことはなかっ

たそうで、そんなことをした理由は今でもわからないのだが、彼女の悪意のある言葉と顔に反射的に手が出たのだという。

頬を押さえた彼女は驚いた表情を浮かべた。

「何で叩くの？　信じられない」

彼女の顔を見る限り、彼女も今、自分が何を言ったかわかっていないようだった。

弁解しようとする真一さんを振り払って、彼女は慌ててその場を去っていった。

その日の夜から二日間、真一さんは風邪をひいて発熱し、会社を休んで寝込んだそうだ。

熱に浮かされている間、彼女が口走った棒読みの言葉が何度も頭の中で再生されたという。

彼女からは距離を取りたいという旨のメールが届いたが、真一さんが返信することはなく、そのまま別れることになった。

付き合って半年ほどだったものの、彼女は冗談でもあんな言葉を口にするような人間ではなく、だからこそ怖く感じてしまったからである。

後になって真一さんは調べたが、あの公園のトイレで焼身自殺があったという事件は見つけられなかった。

ただ真一さんたちがあの公園を散歩した一ヶ月ほど前に、園内の池で遺棄された死体が発見されたという事件があったことをそのとき初めて知ったという。

千稀（かずき）

沖縄生まれ沖縄育ち。幼少期から怪談に魅了され、学生時代から沖縄を中心に怪異を探し回っている。怪談やホラージャンルの素晴らしさを広げるべく、現在は怪奇小説執筆も行っている。別名は猫科狸。

★怪談マンスリーコンテスト受賞歴（過去二年）

二〇二三年三月　佳作
二〇二三年六月　佳作
二〇二三年七月　佳作

失敗

Rさんの家の近所に、ある建築会社があった。

先日、Rさんがその会社の近くを通りがかると、社員が大勢集まっており何やら大掛かりな式事の準備をしている。

近くに立っていた作業着の社員らしき人に何があるのかを訪ねてみたが、何も聞こえていないかのように無視された。

その対応に気分を悪くしたRさんは、そのままその場を立ち去った。

用事を済ませての帰り道。まだその会社では式事をしていた。

まだやっているのか、と何となく眺めていて、気が付いた。

社員らしき人々は皆、正装で参加している。その中で、Rさんが声をかけた人物だけが作業着でずっと同じ場所に立っている。ずっと、先程と同じ場所でずっと。

何となく目が離せずに立ち尽くしていると、会社の入り口には何やら祠らしきものが設置され始め、関係者であろう全員で手を合わせて何やら唱え始めた。あの作業着の人物以外、全員で。

何だか、見てはいけないものを見た気がしてRさんは急いで家に帰った。

しばらくして、その会社の近くを通ることがあった。以前の出来事を思い返しながら会社の方に目を向ける。

作業着の人物はまだ同じ場所に立っていた。ただ以前と違い、上半身がぐねりと真横に曲がっていた。直角に近いほど曲がった上半身は、入り口に設置されている祠の方に向いていた。

「あれを収めるために祠を建てたのだとしたら、設置場所が違ったのでしょう。それで祠に上半身だけが引っ張られているんでしょうね。場所を間違えたってことは、失敗ということなんでしょうか。そもそも、あれを収めるための祠ではなかったのかもしれませんね」

まだ引っ張られているのだとしたら、今頃上半身はどうなっているんだろう——。

Rさんはポツリと呟いていた。

怪談舌切雀

「舌切雀って話を知っていますか？　あの有名な昔話ではなく、怖い話の」

里奈さんは怖い話がとても好きな子供だった。毎週のように図書館で怪談本やホラー小説を借りては読み漁り、映像や音もなく、ただ文字だけで描写される得体のしれない出来事や異質な存在に恐怖していた。

「本を読み進めるごとに胸がざわつき、じわりと恐怖が広がっていく。あの感覚が物凄く好きだったんです」

夕食後、里奈さんが読書に没頭していると、

「もう遅いから歯を磨いてきなさい」

と母に促された。

今日はここまでにしよう——と本を閉じて洗面台に向かう。歯を磨きながら、先程読んでいた話について考えていた。

——あの舌切雀って話。気持ち悪い話だったなぁ。

鏡に映る自分の顔をぼーっと眺める。

――舌って。なんかよく見ると変だなぁ。色も変だし。なんか他の部分と違うし。

舌を出して観察してみる。意識すると更に違和感を覚えてしまう。顔という部位に対して、明らかに存在が浮いている。見れば見るほどに、奇妙で異常に見えてくる。

考えれば考えるほどに、舌という物が醜悪な物に感じてくる。

――なにこれ、気持ち悪い。なんでこんなものが付いているんだ。嫌だ嫌だ嫌だ。

生理的な嫌悪。心底気持ちの悪い、到底受け入れることのできない異常なもの。

背中を悪寒が走り今にも叫び出したいほどに、舌というものが嫌いに思えた。

『取ればよいのですよ』

耳元で、ガラスを引っ掻いたように甲高い声が聞こえた。

あぁそうか、取れば良いんだ、とハサミを手に取り、舌に当てる。

ハサミを持つ手に力を入れようとしたとき、母の怒号が聞こえた。

「馬鹿！　何してんの！」

母にハサミを奪い取られ、頭を小突かれた。

「病院行くよ！」

舌が少し切れて出血しており、すぐに病院へ連れていかれた。幸い大きな傷ではなく、大事には至らなかった。

母に怒られると覚悟していたのだが、母は何も言わず、

「大事にならなくて良かった」

としか言わなかった。


「舌を見ているとき、耳元で確かに聞こえたんですよ、ありえない程に甲高い声が。母は今でもあの日のことは嫌がって話してくれません。知らない方が良いって。あのとき借りていた本についても全く覚えていないんです。ずっと探しているんですよ、舌切雀の話。聞いたことありませんか？」

未だに舌切雀という怪談は知らないし、本も見つかっていない。

異食行為

前田さんは、ある介護施設で働いている。

その施設で初めて夜勤をしたときのこと。

それまで一度も夜勤をしたことがなかった前田さんは、すごく緊張していた。初めてということもあり、その日一緒に出勤するのはベテラン職員のAさんだった。

「今日は少し暇だし、前田さんも初めての夜勤なんだからのんびりやろうよ」

先輩は緊張している前田さんを、笑顔で優しくフォローしてくれた。

業務を教わりながら必死に仕事をこなしている内に、気が付けば深夜になっていた。

「一段落したし、少し休憩しようか」

Aさんが事務所に煎餅を持ってきてくれ、二人で小休止することになった。温かいコーヒーも準備し、事務所の机に向かい合わせで座る。

Aさんは身体をぐーっと伸ばしながら、椅子に深くもたれかかると、視線を遠くに向けながら、前田さんに聞いてきた。

「……なあ、幽霊っていると思う？」

苦笑いしながら前田さんは答える。

「あまり夜勤のときにはしたくない話ですね。いたら嫌だなって思います」

Aさんは前田さんに視線を合わせることなく、椅子に深くもたれたまま、天井辺りをぼーっと眺めていた。

「そうだよな。……異食って分かるだろ？」

異食とは、食べ物以外の物を食べる行為で、認知症の人に多く見られる。

前田さんの返答を待つことなく、Aさんは話を始めた。


——以前、施設の利用者で【異食】をする人がいた。

認知症が進行しており、食事をしても忘れてしまう。認知症のため、満腹感も感じ辛くなっており、常にお腹が空いたと訴えていたという。

お菓子をあげたり間食を提供して誤魔化すも、しばらくするとまた食べ物を要求してくる。健康管理のために、一日にそう何回も食事をさせるわけにもいかない。

テレビやゲーム等を促し、他のことで気を引こうとするも、なかなか上手くいかない。

ついにその利用者は、机に置いてあるティッシュや消しゴム等を食べ始めた。

職員も色々と手を尽くしたのだが、改善することが難しく、その利用者は専門の病院へ入院し、そのまま戻ってくることなく亡くなってしまったのだという。

「すごくこの施設が好きだった人らしくてさ。認知症で記憶も曖昧なはずなのに、病院でも早く戻りたいって話していたらしいんだ。どうしても、ここに来たかったんだろうな」

Aさんは、天井を眺めながら呟くと、煎餅を口に放り込んだ。

ボリボリ、ボリボリ、と最後の一口を齧る音が室内に響く。

前田さんは、なぜAさんが今この話をするのかが、良く分からなかった。

「……なんだか、やりきれない話ですね」

と答え、コーヒーに手を伸ばす。

――ボリボリ

――ボリボリ

――ボリボリ

そこで前田さんは気が付いた。

目の前に座っているAさんは、既に煎餅を食べ終えている。

――ボリボリ

――ボリボリ

――ボリボリ

それなのに、何かを齧るような音が響き続けている。

(どこから？　何の音だ？)

Aさんは、変わらず椅子に深くもたれたまま、前田さんの上を見ていた。じいっと、何かを警戒しているかのように。

前田さんが、上を見ようとしたとき、

バンッ！

Aさんが手を叩いた。

「さあ！　そろそろ仕事しますか！」

大きな声でそう言うと、椅子から立ち上がり、フロアへ向かった。

前田さんも、慌ててAさんの後を追う。

事務所を出る前に、何となく振り返る。

先程まで前田さんが座っていた椅子の真後ろには、齧られたようにバラバラになった二、三本の鉛筆が散らばっていた。

前田さんは今もその介護施設で夜勤を続けている。

われ

読書が趣味の新垣さんは、近所にある古本屋で本を購入することが楽しみだった。

電子書籍等ではなく、本を実際に手にとって読むことが好きであり、暇さえあれば古本屋で安い本を見つけて購入し、自宅で読みふけっていた。

妻と娘も、このささやかな趣味には理解を示してくれており、休みには一緒に本を探しに行くことなどもあった。

ある日、いつものように古本を探していると、一冊の本が目に付いた。手に取り開いてみる。所謂、自己啓発系の本であった。

自己啓発系の本には興味がなかったのだが、なんだか気になるし、そこそこ名の知れた著者が書いているということもあり、新垣さんはその本を購入することにした。

早速自宅に帰って読んでみると、意外と面白い。

(これは掘り出し物を見つけたな)

と嬉しく思いながら読み進めていると、何やら所々に線が引かれている。

古本は、当然新品ではない。ページが破けていたり、シミがついていたり、落書き等が残っていることも多々ある。特に珍しいことではない。

だが新垣さんはこの本に引かれている線に、妙な違和感を覚えていた。

線が引かれているのは【我】という漢字に対してだけなのである。

通常、線が引かれている箇所は本の中でも重要な部分だったり、理解が難しい部分だったりであることが多い。線を引くことで後から読み返したり、理解しやすくなったりすることがあるからだ。この本のように自己啓発系の内容であったり、学ぶため、何かを得るために読んでいる本だと、そのような重要な箇所も多くなる。

だからこそ、この【我】という漢字にだけ線が引かれている意味が分からなかった。

気にしないようにしながら読み進めるが、視線がそこに向いてしまい、どうにも集中できない。なんだか気分が削がれ、今日はもう辞めておこう——と、新垣さんは本を閉じた。

その日の夜。

夕食を食べ終えてリビングでのんびりしていたときに、娘が急に大声で泣き出した。

抱きしめて落ち着かせようとするが、全く落ち着く気配はない。

娘はベランダを指差し、何かに怯えているようだった。

新垣さんもベランダに目を向ける。

　何かが、ちらちら動いている。白い紙のような何かが。

　緊張で全身が硬直していくのを感じながら、ベランダを凝視する。その白い紙のようなものは、風になびくようにひらひらと揺れていた。

　ひらひらしているその紙には、顔が張り付いていた。何の感情も感じられない、言葉通り、無表情な顔。その顔に適当に取り付けられただけのような眼球が、こちらを見ていた。

　娘の泣き叫ぶ声が頭の中で響き渡る。身体は硬直し、動けない。泣き声が頭の中を、脳内をぐちゃぐちゃにかき混ぜてくる。目の前がぐわんぐわんと回り出し、今自分が立っているのかも、座っているのかも、ひらひら揺れているのかも分からなくなった。


　――――ねぇ、ねえ！

　はっと気が付くと、新垣さんはベランダに立っていた。

「どうしたの？　大丈夫？」

　隣では、泣き止んだ娘を抱っこした妻がこちらを見ながら心配そうな顔をしていた。

(俺は何でベランダに立っているんだ？)

　新垣さんは混乱して状況が把握できなかった。

「とりあえずコーヒーを飲んで冷静になり、改めて妻に話を聞いてみたんです。妻が言うには、大きな泣き声に驚いて娘の元へ向かうと、娘がベランダを指差して怖がっていて、ベランダには私が立っていたそうです。何の動きもなく、何の表情もなく、ただ、ぼーっと」

妻の話を聞いていて、不意にあの自己啓発本のことが頭をよぎった。本を手に取りぱらぱらとページを捲る。

本の最後のページに、

「我、知識を残す細胞のように」

と、本の一文が大きく鉛筆で書かれていた。

「あの体験は本が原因なのか、別の何かなのかは分かりません。今思いかえすと、ベランダで揺れている白い紙に張り付いていた顔は、自分の顔だったように思えるんです」

新垣さんは古本を集めることをやめ、今までに買い集めた本も全て破棄した。

今はもう奇妙な体験をすることはないというが、娘が時折ベランダを指差して泣いていることがあるという。

おがぴー

千葉県在住。怪談噺や地域の伝説・伝承に出てくる怪異な話が好きな薬剤師。稲川淳二ファンクラブ会員。怪談最恐戦二〇一八・大阪予選出場より怪談語りを始め、翌年から怪談マンスリーコンテストに投稿を始めた。

★怪談マンスリーコンテスト受賞歴（過去二年）
二〇二三年二月　最恐賞
二〇二三年七月　最恐賞
二〇二三年九月　佳作
二〇二三年十・十一月　佳作

養老渓谷の蛭

養老渓谷は養老川によって形成される渓谷で、ハイキングや紅葉狩り、温泉と楽しめる千葉県有数の観光地である。

千葉に住んでいながら、まだ養老渓谷に行ったことのなかった孝子さんは、夏休み中の娘を連れて遊びに行ってみることにした。

着いてみると、夏休みということもあって流石に人が多かった。特に水場には若者が多くおり、その中に入っていくのは気が乗らなかったので、とりあえず栗又の滝や観音橋などのベタな観光スポットを周り、温泉を楽しむ前に昼食をとることにした。

孝子さん達が和食処の二階の座敷で食事をしていると、先ほど水場で見かけた若者たちが入ってきた。

（ん……？）

孝子さんが何か違和感を感じてよく見ると、若者たちの歩いた後が真っ赤に染まっている。血だ！　驚いて若者たちにそれを教えると、当事者たちも驚いている。痛みがないのだそうだ。

「ああ、蛭にやられたね」

よくあることなのか、食堂の主人が冷静に教えてくれた。若者たちの順応性も高かった。直ちにスマホを使って蛭を検索し、特に動じずに対処していった。

温泉を楽しんだ後、孝子さんの足は先ほどの若者たちがいた水場に向いていた。実は孝子さんは、毛虫や芋虫の類が好きであった。自然とまだ見たことのない蛭に興味をもったのだ。そこで娘が止めるのも聞かず、落ちていた木の枝に洋裁用の糸を付け、その先には現地調達の加工肉を巻いて水場に垂らしてみた。

「もう！　ザリガニじゃないんだから！」という娘の声も、蛭に夢中の孝子さんの耳には届いていない。

「何をしてるんだ？」という声に孝子さんが振り向いたときだった。凄い勢いで枝が引っ張られた。

「わっ⁉」と、思わず手を放してしまった。

孝子さんに声をかけたのは地元の観光協会の関係者だった。

「驚かしてすまんね。でもね、お姉さんがいるそこはね。なぜか足を滑らせて転落する人が出るところなんだよ。もうずいぶん前だけど亡くなった人もいるからね」

心配そうに話すその男に孝子さんは頭を下げ、娘の手を引いて車に戻った。


「……大丈夫？」

話しかけたのは孝子さんの方だった。水場での出来事以来、娘が口を開かない。さっきのことが恥ずかしかったかと思ったが違った。

「あのね……お母さんが枝を落としたときなんだけどね……。顔があったの。……水の中に。一瞬だったんだけど……。でも、それ人じゃなくて……」震える声で娘が言う。

「大きな蛭だったの……」

娘が言うには、大きさが人の太ももくらいの蛭が加工肉に食らい付いて、凄い勢いで深く潜ったのだそうだ。そして食いつく直前に見えた蛭の胴体には〈人の顔〉らしきものが浮かんでいたのだと。

「まさか……ね」

帰宅して改めて風呂に入った孝子さんは、運転の疲れからウトウトしていた。

カクン――。

孝子さんが寝落ちしたとき、少し飲んでしまったお湯に鉄の味がした。

「ん……？」

見ると浴槽が真っ赤だった。そしてその浴槽の中に顔があった。黒くぬめった死人のような顔が。

「きゃあ！」

思わず浴槽から飛び出した孝子さんが見たのは、人の太ももくらいある人面模様の黒色の蛭だった。


悲鳴を聞いてきた家族と改めて浴槽を調べたが、そこにそんな大きな蛭はいなかった。いたのは血を吸ってパンパンになった一匹の普通の蛭だけ。

水場に入らなかった孝子さんに、その蛭がいつどのように付いたのかは分からない。

孝子さんの好奇心が何かしらの怪異を引き寄せたようにも思えるが、当の本人は怖がるでもなく、

「でも本物の蛭を見ることができたんだから、結果ラッキーだったんじゃない？」とコロコロと笑っていた。蛭に動じずにスマホを操った若者たちよりも、孝子さんの方が一枚上手なのかもしれない。

鉄塔通りの事故

恵美が松戸のKという地区に越したのは長男が中学に入った頃だった。

「この道が混むのって珍しいわねぇ。工事でもしているのかしら？」

夫と車で買い出しに出かけたとき、いつもはスイスイと進む鉄塔通りの道が渋滞していた理由は、恵美の予想を暗く裏切った。

「いやだ……事故？」

この辺りの土地は起伏が激しい。こういう場所は視界が良いように思えて、意外と背の低い歩行者が見えにくい。そのため事故も少なくない。

「うわあ……」

見ようともなく見えてしまった事故現場は凄惨だった。事故車であろうトラックの下にまだ轢かれた人がいるのが見えたのだ。

「何かかけてあげれば良いのにね」

「え？　何に？」

恵美が助手席から運転している夫に話しかけると、夫は不思議そうに聞き返した。

「轢かれた人によ。早く出してあげられないなら、せめて隠してあげないとじゃない？」

「いや……車同士の衝突みたいだし、誰も轢かれてないと思うけど」

後で知ったが、それは夫の言う通り車同士の事故だった。しかし——。

同じような道が多い地区で、なぜか最も人身事故が多いスポットでもあったそうだ。

死面の報復

僕が小学生の頃、塾で植田という先生から聞いた話です——。

都会の商社に勤めている植田が、同期で親友の川口と酒を飲んでいるときに妙なことを頼まれた。

「植田、俺は奥田に殺されるかもしれない」

川口と奥田は同じ課に属しており、互いにライバルだった。成績は川口がちょっと上をいっていた。

「でもだからって殺しなんて……」と植田は言ったが、川口は譲らない。

「あいつは優秀だから、どう見ても自殺としかわからない方法で俺は殺されるだろう」

植田は仕方なく「わかった。じゃあ俺に何かできることがあるか？」と言うと、川口は嬉しそうに「頼みがあるんだ。俺には身寄りがないから、俺が死んだら葬儀を出してほしい。墓は田舎にあるから。葬儀の費用はおまえに残す俺の遺産でしてほしい」

「ああ、わかった。他には何かあるか？」

「俺の死面を作って、それを奥田の奴に小包で送ってほしいんだ」

「わかった。やってやる。じゃあ、もう暗い話は終わりな？」

そして二人は飲み明かした。


翌日、川口は出社してこなかった。その翌日も、またその翌日も。

心配した川口の上司が川口のアパートに行ってみると、川口は死んでいた。警察が調べて、自殺ということになった。

川口の独白通り、会社に川口の弁護士を名乗る男が植田を訪ねてきて、川口の財産が植田に相続されると伝えた。

「本当だったんだ……」

植田は飲み屋での約束通り、川口の葬儀を出した。そして——。

「嫌だけど仕方ない……」

川口の死面を作った。

気味の悪い作業だったが、遺体が荼毘に付される前に作らねばならない。蝋で型を取り、ゴム製の死面を作った。口をへの字に結んだ川口の死面の無念そうな表情が哀れに思えた。そして出来上がった死面を梱包して奥田に小包で送った。

三日後、今度は奥田が出社してこなくなった。翌日も、またその翌日も。心配した上司が奥田のマンションを訪ねて、そこで奥田の変死体を見つけた。奥田は首がザックリと裂けていて、自分の血でできた血だまりに大の字になって倒れていたという噂が社内に流れた。

後日、警察が会社に植田を訪ねてきた。

警察署ではなく会議室で事情を聞かれることになった植田は、「きっと死面を送ったのがバレたんだ。俺、捕まるのかな」と恐々としていた。

会議室で会った温厚そうな警察官は「ああ植田さん。別に貴方を疑ってはいません。貴方のアリバイはわかってますから」と言って植田を安心させてから本題に入った。

「ただ貴方が死面を送ったこともわかってるんです。ただ非常に不可解な事件でして、今は現状の一つ一つを整理しているんですよ」そして「ちょっと辛い写真ですが……」と現場写真とビニルに入った死面を出した。

「!?」

植田は凍り付いた。噂話通りの現場写真を目の当たりにしたのもある。だが、それよりも——。

植田が川口の死面を作ったとき、その顔は無念に満ち、口も閉じられていた。なのに目の前の死面は口角が大きく上がっていて、目も見開かれていたのだ。

植田の頭の中に、開けられた箱から奥田の喉元に向かって川口の死面が飛びかかる光景が浮かんだ。

「しかし……なんで奥田さんはこの仮面をかぶってたんでしょうねぇ……」

「え？」

警察官の自問自答のような呟きに植田は思わず聞き返した。

「あのう、奥田の死因は？」

「ええ、信じられん話なんですがね」警察官は自らの喉を両手で掴むと「こう指を当ててですね。そのまま——」

グググッッ！

「爪が血管に至るまで食い込ませたそうです」と言った。

「そんなことが可能なんですか？」

青ざめて尋ねる植田に「ええ、理屈上は可能なようですよ。ただ私達も一度も見たことはありませんでしたけど」と警察官は言葉少なげに答えた。

川口は本懐を遂げて〈笑ったんだ〉と植田は思った。


——植田先生は脱サラして塾を始めたと親に聞きました。先生は怪談話が好きでしたが、語るときは怪談が苦手な生徒のことを考えてか、登場人物に講師や生徒の名前を使ったりして、比較的明るめに話したんです。

ところが、この話だけは「僕がね……」という一人称で語られました。

少なくとも先生にとって忘れ難い何かがあったのではないかと、今でも僕は思うのです。

運転席の想い出

鉄道会社に勤めている室谷さんの話である。

小学生の頃、室谷さんは大好きだった特撮映画を観に連れていってもらった。そして鑑賞後には、もっと大好きな新幹線を見学しに東京駅に行った。

まだ初代の０系新幹線の時代である。

入場券でホームへ。先頭車両を見て興奮している室谷さんを見つけた運転手さんが運転席に入れてくれた。

「今はダメだけどね。って当時もダメだったのかなぁ」

憧れの新幹線のコックピットは思ったより広く、左右に大きく離れて運転席があった。

その進行方向右奥の席には座布団が置いてあって、小っちゃなおばあちゃんがこちらを見てにっこりと微笑んでいた。

（誰だろう？）

なんだか不思議だったけど「こんにちは～」と挨拶をした。

「うん？　どうかしたの？」

色々説明をしてくれていた運転手さんが不思議そうな顔をしていたけど、室谷さんは他の電車と比べても格好良い０系新幹線のコックピットに興奮していて、その意味が当時はわからなかったんだと振り返る。


「さっき誰に『こんにちは』って御挨拶したの？」

外に出てから改めて運転手さんに聞かれたので、奥の席にいたおばあちゃんだと答えると、運転手さんは少し驚いた後に優しい笑顔を浮かべて、

「それは僕のおばあちゃんだよ」と言った。


出発を見送るとき、運転手さんに敬礼をしてから、今度は大きく手を振って奥にいるおばあちゃんの方を見たのだけれど、そこには誰もいなかった。

不思議だったが、走り行く新幹線の勇姿に見惚れてしまい気にはならなかった。

それが縁というか、鉄道が大好きなまま成長して、遂には鉄道会社に勤務するようになっ

た室谷さん。その後しばらくして母親を亡くした。父親を亡くしてから女手一つで育ててくれた母親に恩返しできていたかなと振り返ったときに、なぜか子供時代に母親と見に行った東京駅の新幹線の記憶が甦った。

「俺、今こんなことしてるよ～って、葬儀の後くらいから、なぜだか母親に報告するように仕事をしている自分がいたんだよね。あの運転手さんもそうだったんじゃないのかなぁ」

そう考えたときに、ふと気がついた。

「あ！　あのときのお婆ちゃんって幽霊だったのかな」

亡くなった祖母を想って運転席の片方に座布団を置いたのかもしれない。

「あのときの運転手の気持ちに、今更ではあるけど気がついたんだ」と語った室谷さんもまた、母親の形見を制服に入れて日々の職務を遂行しているそうである。

月の砂漠（つきのさばく）

埼玉県出身。放送作家、劇団脚本家。第四回上方落語台本大賞で大賞。第七回森三郎童話賞で最優秀賞。竹書房怪談文庫での主な参加共著に「実話怪談 怪奇島」「奥羽怪談 鬼多國ノ怪」「実話怪談 犬鳴村」など。

★怪談マンスリーコンテスト受賞歴（過去二年）

二〇二二年四月　最恐賞
二〇二二年十一月　佳作
二〇二三年一月　佳作
二〇二三年九月　佳作

オタクの匂い

サラさんは高校卒業後、故郷の静岡県から上京し、幼い頃からの夢だったアイドルを目指して活動を始めた。今から十年以上前のことだ。

「弱小事務所に拾われて、メイドカフェでバイトしながら、毎週末、汚いライブハウスでソロライブして、ファンと腕組んで写真撮ったり、Tシャツとか物販したり」

細い紙巻き煙草を指に挟んだまま、サラさんはストローでアイスコーヒーを啜る。

「今思えば、アイドルの真似事をして、その気になっていただけだよね。だって、あたしの単独ライブの最高動員記録、たかだか二十人だよ?」

地下アイドルを通り越して、地底アイドルだったとサラさんは自嘲気味に笑う。

売れないアイドルとその熱心なオタク、いわゆるドルオタは、一般的な芸能人とそのファンとの関係に比べて距離が近くなる傾向にある、とサラさんは説明してくれた。

「そういう太客のオタクに金を出してもらわないと、こっちも生活できないからさ」

交流会でボディータッチを増やしたり、SNSで積極的に絡んだり、時には酒席まで共にしたりと、手厚いファンサービスにならざるを得ないというのだ。

「でも、そうなると、勘違いする奴も出てくるんだよね。あたしにも一人、いたの」

そのファンをSさんとしておく。Sさんは中野に住む五十代の独身男性で、秋葉原でのサラさんのライブを偶然見て以来、熱心なファンになってくれていた。

「最初はありがたかったよ。毎回、チケット買ってくれるし、アマゾンギフトでお米も送ってくれたし。だから、こっちも我慢して、交流会のときにハグしてあげたりさ」

Sさんは不潔だったとサラさんは顔をしかめる。髪はボサボサでフケまみれ、ヨレヨレのシャツにはいつも汗染みが浮かび、酸っぱい体臭がきつかったという。

そんなSさんは、サラさんの熱心なファンサービスを自分への愛情だと勘違いするようになり、次第に、交際を迫ってくるようになってしまった。

「結婚しようって何度もプロポーズされて。勘弁してよって感じでしょ？」

はじめは愛想笑いであしらっていたサラさんだが、あまりにしつこいSさんに対し、ある日、とうとう堪忍袋の緒を切らせて、怒鳴りつけた。

「黙れよキモオタ、おまえみたいな臭いやつと付き合うわけねぇだろ！　って……」

差し出された花束を路上に叩き付け、唾を吐いてその場から立ち去ったという。

翌週のライブ、Sさんは客席に姿を見せなかった。その次の週も来なかった。

サラさんにしてみれば、太客を一人失う結果となったが、うるさいストーカーが消えてくれて良かったという気持ちの方が強かった。

ところが、それから二週間後の池袋でのライブの最中。

サラさんはステージ上から、客席後方の柱の陰にSさんを見つけた。

「ふざけんな、まだあきらめてないのかよと思って、テンション下がっちゃって」

終演後、数少ないファンたちに「Sさんが来ていたでしょ？」と苦々しく尋ねた。

しかし、Sさんの姿を見た人は、誰もいなかった。

「そのときは、ただの見間違えかと思ってホッとしたんだよね。でも……」

その次のライブの日。さいたま新都心の野外イベントでバラードをしっとりと歌っていたら、すぐ耳元でSさんが「サラ、愛してるよ」とつぶやいてきた。

サラさんは驚いて歌うのを中断してしまった。あたりを見回したがSさんはいない。考えてみれば、本番中のステージ上にSさんがいるはずがない。

おかしなことはさらに続く。翌週の吉祥寺でのイベントのことだ。楽屋で衣装に着替えていたら、大きな銀蠅がブーンと飛んできた。サラさんは手元にあった雑誌を丸め、壁に止まった銀蠅を叩いた。その瞬間、つぶれた銀蠅の体からツンと異臭が漂った。

それは、Sさんの酸っぱい体臭にそっくりだったという。

「何だか、あいつがあたしに悪いおまじないでもしているのかと思えてきて……」

不機嫌なままま、気分転換にショッピングへ出掛けた。中野にある衣装専門店だ。派手で可愛いジャケットを探していると、店内にフワッと、あの嫌な匂いが香った。

「振り向いたら、あいつが背中を向けて出ていくところで」

サラさんは、いい加減にしろと文句を言うつもりで、後を追い掛けた。Sさんの姿は見失ったが、あの独特の体臭があたりにかすかに残っている。警察犬のように鼻をヒクヒクさせて、匂いを頼りにSさんを探した。

「何だか、足が勝手に動いているような、変な感覚だったな」

細い路地をいくつか曲がると、クリーム色の外壁のアパートがあった。その一階の角部屋から、Sさんの例の匂いが濃厚に漂ってきた。サラさんはドアを強くノックした。中から返事はない。ノブに手を掛けると、スーッと開いた。

その途端、体臭とはまったくレベルの違う、強烈な腐敗臭が鼻を襲った。

「目の前に、人が倒れていたの。腐って、半分溶けた顔をあたしに向けて」

サラさんは嘔吐をこらえ、あわてて携帯電話から警察を呼んだ。

この部屋がSさんの自宅で、遺体がSさん本人のものだとわかったのは、しばらく経ってからのことだった。

「病気で孤独死だってさ。死後一ヶ月。そんなにあたしに見つけてほしかったのかね」

それから数ヶ月後。Sさんの部屋は「事故物件」として、立地や広さの割には格安で賃貸に出された。

「あたしね、今、その部屋に住んでるんだ。だって、そうしないと」

いつまでもつきまとわれそうだからさぁと、サラさんは歌うように軽やかに言った。

アイドルからはとっくに足を洗っているというサラさんは、現在は新小岩のスナックに勤めながら、熟女系グラビアタレントとして売り出す機会を窺っているという。

先輩の役者

埼玉県内で塗装工として働くアツシさんは、数年前まで役者として活動していた。役者といっても、テレビドラマや映画にはお声が掛からず、小劇場の舞台だけが活躍の場だという、よくいるタイプの売れない役者だった。

そんなアツシさんがまだ若手だった頃、似たような境遇の役者仲間の間で、ある噂が流れていた。池袋の「I」という小劇場に、日の目を見ることがないまま亡くなってしまった役者が、成仏できずに化けて出てくる……という怪談話だ。

借金苦で自殺した女優が受付のベンチに座っていたとか、酒で肝臓を壊して死んだベテラン俳優が客席からステージを見ていたとか、目撃談が相次いでいたという。

霊感があると自称する同僚の話では、I劇場には人の怨念を引き寄せてしまう磁場がある、とのことだったが、アツシさんはその手の話を一切信じていなかった。

あるとき、アツシさんはそのI劇場の舞台に初めて立つことになった。ワークショップで知り合ったベテランの演出家に誘われ、一夜限りの企画公演に参加したのだ。

共演者の中には、例の噂を信じて怖がっている者もいたが、アッシさんはまるで気にすることもなく、日々の稽古に黙々と励んでいた。

そして迎えた本番当日。アツシさんは開演後の舞台袖で一人、間もなくに迫った自分の出番を待っていた。

そのとき、突然、誰かにポンポンと肩を叩かれた。鼻の奥にほんの少しだけ、ドブ川のような異臭がフワッと入り込み、思わず顔をしかめる。一体誰だと振り返ってみて、アツシさんはアッと驚いた。

そこに立っていたのが、山野さんだったからだ。

山野さんは、アツシさんがこれまでに何度か共演したことのある先輩の役者で、つい先日、バイクの飲酒運転で事故死したばかりの人だった。

「山野さん……どうして？」

アツシさんは動揺を隠せず、かすれた声で尋ねる。すると、山野さんは、

『アツシ、頑張れよ。お前は絶対に売れろよ』

ぐしょぐしょに濡れた髪をかき上げ、サムアップポーズをしながらつぶやいた。サムアップポーズは、生前の山野さんがよくやっていた仕草だった。

（これは間違いなく山野さんだ。噂どおり、この劇場には霊が出るんだ……！）

しかし、このとき、怖さは一切感じなかったとアツシさんは言う。むしろ、尊敬していた山野先輩に再会できた喜びの方が強かったと。

「はい、頑張ります。俺、山野さんの分まで、きっと売れてみせます！」

アツシさんが力強くそう宣言すると、山野さんは満足そうな笑みを浮かべ、スーっと消えていった。

山野さんに勇気付けられたアツシさんは、その日、芝居が絶好調だった。コミカルな演技で観客を爆笑させ、カーテンコールでは誰よりも大きな拍手を得たという。

終演後、楽屋に戻ると、演出家からも芝居を絶賛された。

アツシさんは本番の興奮が冷めやらぬまま「実は、山野さんの守護霊のおかげなんですよ」と、先程の一件を早口に報告した。

ところが、話を聞いた途端、演出家は顔を真っ赤にして怒り出した。

「おい、アツシ。嫌な冗談はやめろよ。山野を勝手に殺すな、馬鹿野郎」

意味がわからずきょとんとしていると、汗だくの山野さんが楽屋に入ってきた。山野さんは、びしょ濡れの衣装姿のまま、アツシさんにハグをする。

「アツシぃ。お前、今日は最高の芝居だったなぁ。絡んでいて楽しかったぜ」

その瞬間、アツシさんはハッと我に返った。

山野さんは今日の公演の共演者で、まさに今、同じ舞台上で芝居の応酬をしていた相手だった。死んでいるはずがない。

どうしてそんな馬鹿げた思い違いをしてしまったのか、わけがわからなかった。

山野さんは、足元に小さな水たまりができるほどポタポタと汗をこぼしながら、演出家やスタッフと公演の成功を喜び合っていた。

その後、一同はI劇場近くの居酒屋に移動し、簡単な打ち上げが始まった。

アツシさんは何だか頭がフワフワしていたが、酔いも進み、仲間たちとワイワイ語り合っているうちに、いつしか、先程の奇妙な体験のことはすっかり忘れてしまった。

「じゃあな、アツシぃ。また一緒に芝居しようぜ」

会がお開きになると、山野さんは首筋の汗を何度も拭いながら去っていった。

翌朝。演出家からの電話でアツシさんは目を覚ました。

演出家は悲痛な声で「山野が死んだぁ！」と告げた。

昨晩、打ち上げを終えた帰り道、山野さんは酔ったままバイクに乗ってしまい、川へ転落して溺れ死んだという。

「まぁ、この件と、俺が役者を引退したこととは、何の関係もないんですけどね」

アツシさんは煙草を吹かしながら、淡々とそう語った。

山野さんのお墓は遠く離れた九州にあるため、一度も墓参りには行っていないそうだ。

I劇場も、だいぶ前につぶれて、今はもうない。

幽霊ドッキリ

ヨシマサさんは都内で活動するピン芸人。芸歴はそろそろ十年になるが、地上波のお笑い番組に出たことはまだ一度もない。事務所が主催する定例寄席に出ていることだけが芸人としての存在証明です、と自嘲気味に笑う。

そんなヨシマサさんは、数年前、事務所の先輩芸人であるミハラから、ドッキリ動画への参加を持ち掛けられた。後輩の新人漫才コンビを騙すというのだ。

まず、ターゲットとなる新人コンビに「先日、秋葉原のS劇場の楽屋で女性アイドルが首吊り自殺した。成仏できない彼女の幽霊が、夜な夜な出るらしい」という嘘の噂を流す。その上で、彼らを深夜のS劇場に呼び出し、幽霊に扮したミハラがたっぷりと怖がらせ、その様子を隠し撮りしてユーチューブで配信する……という企画だった。

ヨシマサさんは、仕掛け人兼当日の隠し撮りスタッフとして誘われたのだ。

ミハラもヨシマサさん同様、世間的には無名だ。だが、売れていない芸人仲間の中ではユーチューブの登録者数が多い方だったから、ヨシマサさんは依頼を快諾した。

翌日、ヨシマサさんは新人コンビをファミレスに呼び出し、S劇場のニセの怪談話をおどろおどろしく聞かせた。すぐ隣では、ミハラがこっそりビデオを回している。新人コンビはすっかり話を信じ、青ざめて震えていた。そんな彼らを見て、ヨシマサさんは笑いをこらえるのに必死だったと振り返る。

数日後、ドッキリの撮影当日。ヨシマサさんは真夜中に秋葉原へと向かった。

S劇場はキャパ三十席ほどのスペースで、地下アイドルのライブと若手芸人の寄席を中心に運営されていた。平日の深夜枠を格安で貸し出しており、動画配信の会場に使われることも多かった。

駅から二十分ほど歩き、目的地に着いた。階段で二階へと上り、扉を開けると、なぜか会場内は真っ暗で、人の気配がしなかった。予定では、ミハラが先に到着し、幽霊の扮装とメイクを済ませているはずだったから、ヨシマサさんは不思議に思った。

そのとき、突然、劇場内に腐った生魚のような悪臭が漂ってきた。鼻をつまんで周囲を見回していると、舞台裏にある楽屋の方から、女のすすり泣く声が聞こえてきた。

それで、ヨシマサさんはピンときた。

これは自分への「逆ドッキリ」だ。つまり、仕掛け人だと思っていた自分こそが、実は本当に騙されるターゲットだったのだと。

そうとなれば、ヨシマサさんも芸人の端くれだ。精一杯おびえた芝居をして、動画をより面白くしなければ、という気持ちになった。芸人の性というやつだ。

へっぴり腰になって歩き、なんだよこれ、誰かいるんだろと、情けない声でつぶやきながら楽屋を覗く。

案の定、狭い楽屋のビニールベンチには、定番とも言える白い襦袢を着た「幽霊」が座っていた。泥のついた長い黒髪が額にダラリと垂れ、顔はよく見えなかったが、あれがミハラだろうと推測した。

「ぎゃーっ、で、出たー！」

ヨシマサさんはわざと悲鳴を上げて、無様に尻もちをついた。我ながら今のは良いリアクションだったなと満足していると、背後に人の気配を感じた。

振り返ると、そこにはミハラが立っていた。

「なんだよー、ミハラさん。勘弁してくださいよー！」

大袈裟に叫んで、大の字に寝転がった。一瞬、それではあの「幽霊」は誰が扮装しているのだろうという疑問が頭をよぎったが、いずれにせよ、あとはミハラの「ドッキリでしたー！」の一言を待つだけだ。

ところが、ミハラは黙ったままで、ヨシマサさんを見ようともしない。能面のように無表情で、天井をじぃっと見上げている。

何かトラブルでも起きたのかとヨシマサさんは不安になった。あるいは、自分が何か重大なミスをしてしまったのだろうかと。

そのとき、突然、ベンチに座っていた白い襦袢の「幽霊」が、肩を激しく揺すりながらケタケタと笑い出した。ヨシマサさんはぎょっとしてそちらを振り向く。

黒髪の隙間から見えたその顔は、ミハラだった。

ヨシマサさんは動揺した。ミハラが二人いる。理解がまるで追い付かない。

次の瞬間、背後に立っていたミハラが、白い襦袢のミハラの笑い声に合わせて、体をギッコンバッタンと前後に揺らし始めた。唖然として見ていると、ミハラの両目が上下にグワラグワラと動き、失敗した福笑いのように大きくズレた。

ヨシマサさんは本能的な恐怖を感じ、その場からあわてて駆け出した。

劇場を飛び出し、外で乱れた息を整えていると、携帯電話が鳴った。

着信表示は、ミハラだった。

高鳴る心臓をなだめながら、電話に出る。聞こえてきたのは、ミハラの怒声だ。

「おい、ヨシマサ。お前、何でS劇場に来ないんだよ。撮影できないだろ！」

意味がまるでわからなかった。混乱したまま答えを返す。

「え、どういうことですか？　俺は今、S劇場にいるんですけど……」

そこでヨシマサさんはハッとなった。S劇場はそもそも、秋葉原駅前から二十分も歩かないし、ビルの二階ではなく、地下にあったはずだ。

顔を上げると、目の前には、見たこともない古ぼけた雑居ビルが建っていた。

ヨシマサさんは一度も振り返ることなく、そこから全速力で逃げ出したという。

その後、改めてS劇場に行ったヨシマサさんは、そこで、クオリティの低い雑な幽霊ドッキリをミハラから仕掛けられたそうだ。

ホームタウン

実話怪談にのめり込み二〇一九年より本格的に怪談蒐集を開始。現在『杜下怪談会』『谷中怪談会』『銀座一丁目怪談』『恐点』等、都内を中心に怪談会の主催や出演など精力的に活動中。

★怪談マンスリーコンテスト受賞歴（過去二年）

二〇二三年六月　佳作
二〇二三年七月　佳作
二〇二四年一月　最恐賞

辞めないバイト

今から二十年ほど前、広瀬さんは都内の雑居ビル一階にあるバーで働いていた。
十人も入れば満員の店内では、毎夜何かしらの『怪現象』が起こったという。

入り口のドアが開くが誰も入ってこない。
いた筈のお客さんが忽然と消えている。
誰もいないトイレの鍵が閉まっている。
カウンターテーブルに置いたグラスが突然落ちて割れる。
原因不明のラップ音や照明の明滅などは日常茶飯事。

一番酷かったのは、火の気のない店の隅で小火《ぼや》が出たこと。
そのときはオーナーが何処かからお札をもらってきて店内の高い所に祀り、外廊下には盛り塩を始めたが、何やら験担ぎらしく『お祓い』だけは絶対にしなかったそうだ。

怪現象の原因と噂されていたのはビルの向かいにある病院で、そこから続く霊道にこの店があると、常連の所謂『感の強い』お客さんが力説していたらしい。

そういうのが苦手なバイトは三日と持たず辞めるのだが広瀬さんは――。

「元々心霊の類いにすごく懐疑的で。辞めないバイトとして重宝されてました」


ある年の梅雨の晩。

その日のシフトは先輩社員の金子さんと二人だったのだが、長雨の影響で店はとにかく暇だった。

店内のスピーカーからはハードなロックが流れている。

普段はオーナーの指示で落ち着いたジャズを流しているのだが、客の来ない暇なときは二人の好きなハードロックの有線チャンネルに変えていた。

カラン――。
ドアベルの音に二人は入り口へ目をやる――が、そこには誰もいない。
いらっしゃいま――まで言いかけていた金子さんは、またかという渋い顔をしていた。
「ちょっと有線のチャンネル、変えても良いですか？」

広瀬さんはそう言うと、前から気になっていたチャンネルにダイヤルを合わせた。

〈観自在菩薩行深般若波羅蜜多――〉

金子さんは「なんだよコレ」と笑っている。

「試してみたかったんですよ。有線のお経のチャンネル流してたら幽霊出なくなるんじゃないかなって」

冗談のつもりだったが少しするとおかしなことになった。

入り口のドアがバンバンバンバン！

店内の照明がチカチカチカチカ！

外廊下で足音がバダバタバタバタ！

ボトルの棚がガチャガチャガチャガチャ！

オロオロする金子さん。

その様子に面白くなって、広瀬さんは有線のボリュームをさらに上げた。

〈菩提薩婆訶般若心経――〉

何周目かのお経が終わった頃には、ぴたっと一切の物音がしなくなった。

金子さんが恐る恐る入り口のドアを開けて見に行ってみると、盛り塩が廊下に散らばっていたという。

翌日もシフトだった広瀬さんが店に行くと、雑居ビルの前に人だかりが見えた。

ビルの周りには規制線が貼られていて騒然としている。

店で社員に聞いたところ、ビルの前に停めた車の中でオーナーが焼身自殺を図り、向かいの病院に運ばれたが亡くなったらしい。

「それを聞いてなんとなく、オーナーが霊道を通って店に戻ってくる気がして――」

少し後ろめたい気持ちになった広瀬さんは、そのまま店を辞めたそうだ。

安藤くんと松岡くん

間もなく五十代になる松岡さんから伺ったお話。

松岡さんが中学生のとき、特に仲が良かった友達に安藤くんという男の子がいた。

通っていた公立中学校は、同級生の約半分が小学校からの顔馴染みで、あとの半分は近隣の小学校から来た新しい顔ぶれ。安藤くんは中学で知り合った新しい友達だった。

安藤くんとは、とにかく馬が合った。

音楽やテレビやゲームなどの趣味は勿論、昨日あったことや先生の悪口まで、顔を合わせればひたすらお喋りが止まらなかった。

冗談を言い合い、その都度爆笑する。

余りに笑い過ぎて具合が悪くなったこともある。

放課後は安藤くんも交えた友達グループで遊びに行くこともあったが、最低でも週に一度はお互いの家を行き来して、二人きりでとにかく喋った。

安藤くんの家はバス通りから一本細い坂道を上り、突き当たりの手前にある木造平屋の一軒家。玄関前には鉄製の門扉があり、門扉と玄関の間には殆ど隙間といっていい狭い庭があった。

そこには、いつも黒い猫がいた。

安藤くんの家で飼っている猫ではないのだが、来れば何かしら餌を与えているらしく、よく懐いていた。

松岡さんは猫が苦手なのだが、この黒い猫は餌をもらいに来るだけで殆どじっとしているので、そこまで気にはならなかった。


中学二年生の、ある秋のことだ。

その日も放課後、安藤くんの家で遊ぼうとなった。

一旦帰宅して着替えてから、急いで安藤くんの家に向かう。

通い慣れた細い坂道を上ると門扉と玄関の隙間で、いつものように黒い猫が丸まっていた。

チャイムを鳴らして家に入ると、テレビゲームをしながらいつものように只々《ただただ》笑った。

体育の先生が嫌いな安藤くんは先生の口癖を誇張して真似て、堪えきれず松岡さんは飲んでいたジュースを口から噴出した。

気が付くとあっという間に日が暮れていて、外では虫の声が響いていた。

すると突然安藤くんが神妙な顔つきになって手に持っていたゲームのコントローラーを見つめながら、「オレ、明日転校するんだ」と呟いた。

「え？」

安藤くんは俯いたまま「明日引っ越しで、転校するんだ」と言った。

「引っ越しって？　転校って？　えっ？」

安藤くんが言うには父親の転勤で急遽引っ越しをしなければならず、寂しくなるので担任の先生には黙っていてほしいとお願いしたそうだ。

何一つ片付いていない部屋を見回すと、「これから家族で一気に引っ越しの準備をするんだ」という安藤くんのいつもとは打って変わったような寂しげな声に、それが嘘じゃないんだということを漸く理解した。

泣きそうになるのを堪えながら、何か言おうとするが言葉が出ない。

そんな松岡さんに、「引っ越しても友達だからな。落ち着いたらすぐ連絡するよ」と言う安藤くんも、泣くのを堪えるように笑っていた。

帰り道は涙が止まらなかった。

夕飯も殆ど喉を通らず、明日から学校に安藤くんがいないということだけしか考えられなかった。

翌朝、重い足取りで登校しクラスに入ると、いつもの席に安藤くんが座っていた。

「いるじゃん！」

思わず叫んでしまった。

ドッキリだったんだ！

騙された！

なんだよちくしょう！

ああ腹が立つ！

湧き上がる怒りの感情を大きく上回る安堵と喜びで、思わず泣きそうになった。

松岡さんは涙目になりながら駆け寄って「おはよう！　なんだよ居るじゃん！」と、安藤くんの肩を小突いた。

「いるけど、何？」

安藤くんは怪訝な表情で松岡さんを見ている。

その目は物凄く他人行儀だった。

それ以来、何となく安藤くんとは疎遠になってしまった。


三十歳になった年に、中学校の同窓会があった。

懐かしい顔ぶれが全員揃った会場で杯を重ねるうち、松岡さんの心にあの日以来燻っていた気持ちが燃え上がった。

安藤くんのテーブルにグラスを持って移動すると「久しぶり！」とグラスを合わせた。


「えーと、松岡くん——だっけ？」

なんか他人行儀じゃん。

結構仲良かったよな俺たち。

ほらお互いの家にしょっちゅう遊びに——。


「オレ、松岡くんの家遊び行ったこと、ないよ」

松岡さんは安藤くんがまたふざけているのかと思ったが、どうやらそうではないらしい。

必死に安藤くんとの思い出を話すが、全く覚えておらず人違いじゃないかと言う。


いや、絶対安藤くんだって！

だって安藤くんの家、バス通りから一本細い坂道上った突き当たりの——。


「家、そこじゃないよ」


安藤くんが当時住んでいた家はマンションで、平屋じゃなかったという。

あの日と同じ怪訝な表情を浮かべる安藤くんに、勘違いと取り繕って松岡さんは席を後にした。


翌日、松岡さんは安藤くんの家——記憶にある安藤くんの家に行ってみた。

バス通りから一本細い坂道を上り、突き当たりの手前に木造平屋の一軒家は確かにあった。

しかし、この十五年では考えられないほどに、その家は朽ちていた。

蔦に覆われ、壁は割れ、屋根は剥がれ、錆びた門扉は拉《ひしゃ》げて原形を留めていない。
そして、玄関の前には殆ど隙間といっていい狭い庭があった。
そこには、いつもの、あの黒い猫がいた。

「誰と遊んでたんだろうな、オレ」
松岡さんはそれ以上思い出すのが怖くなって、その場から逃げ帰ったそうだ。

あんずの味

道隆さんは小学校一年生まで、自然に囲まれた長閑《のどか》な母方の実家で暮らしていた。

というのも、生まれてすぐ父親が蒸発してしまい、母親が都会で自立した生活をできるまでは――そんな理由で祖母に預けられていたのだ。

祖父は既に亡くなっており、祖母と母の兄、つまり伯父さんとの三人暮らしだった。

道隆さんは優しくて面倒見の良い伯父さんのことが大好きだった――が、一つだけどうしても解せないことがあった。


それは毎晩、伯父さんが食卓に置く甕《かめ》。

甕は骨壷くらいの大きさで、伯父さんは晩酌のアテにその中に入っているモノを摘んでは、ニヤニヤ嬉しそうに食べるのだ。

「おじちゃんそれなにたべてるの？　ぼくにもちょうだい！」

「これは子供が食べちゃ駄目なモノなんだよ」

伯父さんが食べている様子から分かるのは、白っぽくて食感は柔らかそうだということ。

あんなに毎晩嬉しそうに食べているので、凄く美味しいに違いない。

どうしても食べてみたいから頂戴という度に、「これは毒だ」とか、「とても苦い」とか言ってはぐらかされる。

しかもその甕は、晩酌が終わると毎回道隆さんの手が届かない高さの棚に仕舞われるので、伯父さんのいない隙に中身を見ることも叶わなかった。


ある日、保育園から帰るとちょうど祖母が何かの袋から甕の中身を入れている所だった。

「おばあちゃん！　それなんなの？　ぼくもたべたい！」

「伯父ちゃんに駄目だって言われてるでしょ」

「だってたべたいんだもん！」

精一杯グズるも相手にされず、甕を仕舞った祖母は台所に行ってしまう。

しかし、ゴミ箱に捨ててあった袋を見つけて、道隆さんは中身の正体を見破った。

平仮名だけしか読めなかったがそれで充分だった。


『あんず砂糖がけ』

あんずだ！

毒なんて嘘だ！


その晩。機嫌良く晩酌を始めた伯父さんに、いつものように聞いた。

「おじちゃん、それぼくにもちょうだいよ」

「駄目だって言ってるだろ。これは凄く苦い毒なんだから」

「そんなのうそだ！　だってそれ『あんず』でしょ？」

反論されると思っていなかった伯父さんはちょっと吃驚《びっくり》した様子だったが、やがてまたいつものニヤニヤ嬉しそうな表情になった。

「道隆はこれを『あんず』だと思ってるのか――そうか」

そう言うと甕の中から一粒取り出して彼に差し出した。

伯父さんの掌には砂糖に塗《まみ》れたあんず――ではなく、耳がのっていた。

「道隆。これは耳なんだよ。子供は絶対食べちゃ駄目なんだけど――今日は特別に一つだけ食べてみるかい？」

その夜、道隆さんは原因不明の高熱に見舞われた。

そして、彼はそのまま左耳の聴力を失った。


「僕ね、今でも思い出すんですよ。弾力があって甘酸っぱい耳の味を――」

居酒屋で偶然隣の席だった道隆さんに伺ったこのお話。

終始嬉しさと悲しさが綯《な》い交ぜになった表情がとても印象的で、少し怖かった。

なお、伯父さんは道隆さんが母親に引き取られて間もなく亡くなった。

聴器がんだったそうだ。

高倉樹（たかくら・いつき）

兵庫県出身。大阪教育大学社会文化研究卒。口頭伝承保存の傍ら「口伝される怪異」に興味を持ち、実話怪談の世界を知る。参加書籍『実話怪談 犬鳴村』『実話怪談 最恐事故物件』など。

★怪談マンスリーコンテスト受賞歴（過去二年）

二〇二二年三月　佳作
二〇二三年七月　最恐賞

気まぐれな勝手橋

小さな川や水路などに、勝手に板を渡して通る。

のみならず、しっかりと据え付けて造作してしまったものを勝手橋と呼ぶのだそうだ。

Nさんの地元では、この勝手橋がよく問題になっていた。農業用水路が多いわりに、橋が少なく不便が多い。それで住民が言葉通り「勝手に」橋を設けるのだが、もちろん安全は担保されていない。

とはいえこういった問題も、当時中学生だったNさんにはささいなことだった。あれば便利だから使う。軋《きし》んでもスリルがあっていい。

それくらいの感覚だったという。

そんなNさんがその勝手橋を見つけたのは、とっぷりと陽の暮れた夜、塾からの帰り道でのことだった。

問題が解けずに居残りを命じられた。そのせいで、お気に入りのテレビ番組の時間に遅れそうになっていた。

大通りではなく、街灯の乏しい水路の脇を歩いていたのは、少しでも早く帰りたかったからだ。

そんなNさんの視界に、ぽつんと橋が見えた。

手すりはなく足場だけ。よく見る勝手橋らしい勝手橋だった。

それにしても珍しいところにあるなと、Nさんも一応驚き、迷いはしたそうだ。

あんまりお粗末な橋だと落ちることもある。ぱっと見て丈夫そうには見えたが、なにぶん夜道のことだから細部まではわからない。

けれど時間と、遠回りする道のりの長さとを見比べて、Nさんは勝手橋を渡ることにした。

試しにと片足で踏んでみれば、たわむこともなくしっかりと体重を支えてくれる。軋みすらしなかった。それで、行ける、と思ってその勝手橋を渡った。

もともと幅のある水路ではないから、十歩ほどで渡りきれてしまう。

暗い中、踏み外すことだけはないようにと、Nさんはよくよく足元を見てその十歩を歩いた。

その最後の一歩だった。

既に対岸を踏んだ右脚と、まだ橋を踏んでいる左足の間に、目玉がひとつ開いていた。

白目の広い、大きな目玉だったという。

暗がりでもはっきり見えたから、ごく淡く、光ってすらいたのかもしれない。その目玉は勝手橋の表面についていて、足元を見ていたNさんは、真上から目玉を見下ろすことになった。まさにばっちり「目があった」。

Nさんは悲鳴をあげて闇雲に前へと跳んだ。

あれが最後の一歩でなければ、きっと水路に転がり落ちていた、とNさんは言う。

それくらい驚いたし、一瞬前まで自分が踏んでいたものが何なのか、深く考えだすと到底じっとしていられなかったのだそうだ。

だから、見たものを確かめることなく、Nさんはそのまま家へと走った。

冷静になったのは、ひと晩、どうにか寝てからだった。

いつも通りに登校し、いつも通りに過ごしていると、昨夜の「目玉」は何かの見間違いだという気がした。そんな気分に背中を押してもらって、勝手橋を見に行った。

ところが、そこには何もなかった。

幾ら勝手橋といえど、Nさんを支えられる造りをしたものが、一日と経たず解体できるわけがない。固定した跡だって残るはずだ。

そう思うのに、何度見ても探しても、それらしい痕跡は見つからない。綺麗さっぱり消えていた。

以来、どれほど急いでいるときでも、Nさんは勝手橋を使わないようにしている、という。

何を売っても食べたい美味しさ

Sさんがその田舎街に引っ越したのは、旦那さんの転勤の都合だった。

ニュータウンとして開発された地区はそれなりに栄えていたけれど、盆地の反対側はひたすらに田んぼと畑が広がり、夜にはイノシシが出るような、そんな土地だ。

その「田舎側」の医院に、Sさんは事務員として勤め始めた。

看板に書かれているのは内科と循環器科だ。とはいえ集落にひとつきりの医院だから、蜂に刺されても犬に噛まれても、とりあえずと駆け込んでくる。

Sさんが医院で最初に出くわした「不思議」は、裏口に置かれる野菜だった。

大抵は季節の野菜だ。朝、出勤時にすれ違う軽トラックが、荷台に積んでいるものと同じラインナップ。

これは別段怪談でもなんでもない。Sさんが仕事に没頭し、忘れたころになって、患者さんが「朝のうちに採れたてを置いといたよ」と名乗り出る。時には言い置いていくのを忘れて、差し入れ人不明のまま、ということもある。

それでも医院の人達は、先生も他のスタッフも、あまり気にする様子がない。

有り難いねぇと言いながら分け合う。

聞けば、今の若先生――年配の患者さんは、もう五十になる先生を捕まえていまだこう呼ぶ――の前、先代に当たるお父さんの頃から、こうしたお礼の習慣があったそうだ。

それだけ医院が感謝されているからなのか、田舎では常のことなのか、そこまでは引っ越してきたSさんには分からなかった。

そして食べ物のことだけに、Sさんははじめ、大層戸惑ったそうだ。自分の口に入るだけならまだしも、その野菜で作った料理を、旦那さんと娘さんに食べさせるのだ。

ただ、毎週のように野菜は来る。

見知らぬ他人であった患者さんたちが、言葉を交わして顔を覚えるうちに、馴染んだ相手へと変わっていったのも大きかった。

そうして、Sさんは慣れた。裏口の野菜だけを見て「この縛り方は川向こうの田中さんだな」とか、「水曜日だから透析の高橋さんだな」と、自然と察せられるようにもなっていった。

まだ小学校に通う娘さんが、「まるで笠子地蔵みたいでおもしろいね」と野菜を楽しみにしてくれたのも大きい。

雪の日にお地蔵さんに笠を掛けてあげたら、その夜、餅や野菜をどっさりとお礼にくれたという、あの昔話だ。

なるほど、お地蔵さんではなく農家の方々だけれど、意味合いとしては同じなのだとSさんは納得できたそうだ。


ちょっと見慣れない山菜が裏口に置かれていたのは、秋のはじめのことだった。

都会育ちのSさんには、大量の葉っぱにしか見えなかった。

それでも、医院の裏口に置いてあるからには雑草やゴミではないのだろう。

現に、手伝いにやってきた大奥さん――若先生のお母さんで、先代の先生の奥さん――は、これは珍しいと手を叩いて喜んだ。

それは、地元では「おおごみ」と呼ばれている山菜らしい。

昔はたくさん採れたけれど、美味しいがゆえに採りすぎて、このごろはすっかり見かけなくなったのだという。

天ぷらにしようか、おひたしにしようか、仕事をそっちのけで悩んでいる。

Sさんは、それなら私のぶんもどうぞ、とやんわり辞退した。上手く料理できそうにないから、というのが表向きの理由だったが、どれほど熱を込めて解説されても、Sさんには草にしか見えなかったのだ。

それにしても誰からの差し入れだろう、と話題になったのは、その日の終わりのことだった。

患者さんを相手に診察室に籠もっていた若先生が出てきて、「おおごみ」のことを聞いて首を傾げたのだ。食べつくしちゃったと思っていたと、大奥さんと同じことを言う。

それくらい貴重で、長らくお目にかかっていないものらしい。

誰それさんちの山ならありそうだ。

いいやあそこの嫁さんは口が軽いから、独り占めして隠し通せるわけがない。

Sさんには知りえない集落の内情をひとしきり喋ったあとで、若先生は少し心配になったらしい。

これは本当に「おおごみ」だろうか？

何を言ってるんだいどこからどうみても「おおごみ」だろう、と言い張る大奥さんをなだめて、若先生はその山菜をまとめてどこかへ持っていってしまった。

天ぷらを食べ逃した大奥さんの落胆ときたら、翌週まで引きずって悔しがるほどだったという。

そして、大奥さんは諦めなかった。

あの山菜を差し入れてくれたのが誰か分かれば、頼みこんでまた譲ってもらえるかもしれない。

「山菜を置いていかれませんでしたか？」

患者さんにそう尋ねるよう、Sさんたちスタッフに言い含めた。

もちろん大奥さん自身も積極的に聞き回った。

だから、医院の裏口に「おおごみ」が置かれていたことは、あっという間に広がった。

Sさんから患者さんに、尋ねるまでもなかったそうだ。受付で仕事をしているSさんに、それで山菜の主は結局見つかったのか——と訊いてくる人がいる。それを小耳に挟んだ別の患者さんが、なんのことだと割り込んでくる。

そして探しているのが「おおごみ」だと聞くと、目の色を変えて探す側に回るのだ。

Sさんにとっては、この時点で、既に十分驚くべき事態だった。

大奥さんも、あのお歳で大層食い意地が張っているものだな、とさえ思っていたのに、「おおごみ」探しに熱心になれないSさんのほうがおかしいようで、肩身が狭い。

そして、それは日を追うごとに悪化していった。

診察の日でもないのに待合室に腰を据えている人がいる。朝出勤してきたら、裏口の見えるところで、集まって立ち話をしている人がいる。

いずれも年配の方だった。大奥さんと同じ歳のころだから、きっと「おおごみ」を食べたことのある世代なのだろう。

しかし、思い入れがあるのだな、と好意的に解釈するには、まるで見張るような視線の数々は、度を超していた。

少なくともSさんはそう感じたそうだ。

たかが山菜と思っていたのに、この執着ぶりはどうだろう。まるで埋蔵金でも見つかったかのようだ――と。

Sさんが明確に「怖い」と思ったのは、「おおごみ」について尋ねてくる患者さんたちの言葉に、咎める響きが混ざり始めたころだった。

「『おおごみ』を独り占めしている人がいたんだって?」

常連の患者さんはそう言ったという。

強く罵るような、否定の言葉を使われたわけではない。

けれど、独り占め、という言い方はひどく引っかかった。「おおごみ」は絶対にみんなで分け合うべきで、そして周りの人達も同じくそう思っているはずだ、と信じていなければ出てこない言葉だ。

噂が行き渡り、「おおごみ」に対する周りの反応にSさんが音を上げるまで、二週間もかからなかった。

こんなのはおかしい。とても相手をしていられない。

せめて若先生から呼びかけてもらおうと、Sさんは仕事終わりに診察室へ向かった。

するとそこには、いつの間に訪ねてきたのか、年配の男性がひとり、若先生と向き合っていた。患者さんではない。少なくともSさんには見覚えのない顔だった。

「こちらは、川向こうの神社の宮司さん」

紹介されて、男性は頭を下げた。ぐうじさん、が名前ではなく神主さんのことだとSさんが理解するより先に、御迷惑をお掛けしていますと男性が唐突に詫びた。

「あれは、うちの『おおごみ』だと思うのです」

お騒がせしてすみません、と言う。

もちろんSさんは驚いた。それに「だと思う」とはどういうことだろう。自分のところの山菜ではあるけれど、置いていったのは自分ではない。そういう口ぶりだった。若先生が「誰の仕業だろうね」と首をひねっているのを見ると、Sさんの見立ては間違ってはいないようだった。

宮司さんは重ねて謝った。

「有刺鉄線に加えて、電気柵も置いたのですが、今回も押し込めておけませんでした」

山菜のことを語っているとは思えない言い様だ。

けれど若先生は心得ているふうで、「おおごみ」ならば仕方ないと宮司さんを慰める。

「うちに置いていけば、間違いなく話が広がるからね。探してもらいたいなら、抜群に効き目があるからねぇ」

とぼとぼと帰っていく宮司さんを見送ったあと、Sさんは若先生に口止めされた。

あの「おおごみ」が宮司さんのところのものであることは他言無用だし、また「おおごみ」が置かれていたら、誰にも知らせず処分するように、と。

Sさんはもう「おおごみ」に関わるのはごめんだったので、もちろんだと頷いた。

それからも「おおごみ」を探そうとするやり取りは聞こえてきたし、しつこい詮索を受け流すのは辛抱が要ったが、ものが山菜だ。季節を過ぎれば見つけようがないことは、地元の人ほどよく分かっている。

詮索する声は、秋が深まるにつれて「おおごみ」を食べられなかったと惜しむものへと変わっていった。

冬になるころにはそれも絶えて、Sさんは大いにほっとしたという。


だから、Sさんが「おおごみ」について思い出すことになったのは、ほんの偶然だった。

年の瀬が迫り、さて初詣はどこに行こうと家族で悩んだ。越してきて初めての正月だから、地元のセオリーが分からない。早速医院のスタッフに訊いてみると、川向こうの神社がいい、と勧められた。このあたりの人間はとりあえずそこに詣でるものだし、駐車場の広さや出店の賑わいなどから言っても、間違いなく一番だと。


元旦に神社に向かう道すがら、運転していた旦那さんが、見てよすごい名前だね、と不意に標識を指した。交差点での信号待ちの最中だ。

嫁ヶ淵、と書かれていた。

確かに滅多にある地名ではない。淵、とある名前の通り、そばには抉られたような崖と水面が見える。しかし嫁とはどういうことだろう。

それを解説してくれたのは、後部座席に座っていた娘さんだった。

学校で、地元の地名を調べよう、という時間があったのだという。野菜の差し入れの話で、真っ先に笠子地蔵を思い浮かべるような娘さんだ。昔話は好きだから、嫁ヶ淵についてもしっかりと覚えていた。

「おいしい山菜を独り占めしようとしたお嫁さんが、それがバレて、みんなにいじめられたの。それで、つらくって、水に飛び込んじゃったんだって」

かわいそうだね。そう言う娘さんに、かわいそうだねぇと返しながら、Sさんが思い出していたのは「おおごみ」のことだった。

山菜の独り占め。

それを責める人達。

それは秋ごろに、Sさんが目撃したものだ。そしてその山菜が出回らないようにしていたのは、川向こうの宮司さんだった。

嫁ヶ淵の交差点から神社までは、車でほんの五分ほどの距離だった。

次の秋が来る前に、Sさん一家は再び引っ越した。

だから「おおごみ」の季節を二度経験することはなかったし、医院で話題にする機会もなかった。

そのことを、Sさんは心底「良かった」と思っているそうだ。

墓場少年

（はかばしょうねん）

愛媛県出身。コロナ禍のステイホームを機に本格的な執筆を始める。取材の際は体験者の表情を注視。軸となる怪異はもとより、心の内を描くことで血の通った実話怪談を生み出そうとしている。

★怪談マンスリーコンテスト受賞歴（過去二年）

二〇二二年八月　最恐賞

二〇二三年九月　最恐賞

河童は友達

自然豊かな田舎育ちのKさんが、小学生の頃に体験した話。

学校からの帰り道、脇を流れる川で何かが跳ねるような音を聞いた。

何だろうと様子を窺うと、不思議な生物が岩場に座っていた。

体長はKさんと同じくらい。白い肌に、緑と茶色のまだら模様。頭頂部には、つるりと光る皿があった。

（河童だ！）

妖怪アニメが大好きだったKさんは、思わず駆け寄って話しかけた。

「何してるの？」

河童は特に驚いた顔も見せず、

「やあ」

と呟いた。

河童が言葉を話せることに、Kさんは大喜びした。

「友達になってよ！　一緒に遊ぼう！」

河童は無表情のまま、こくりと頷いた。

二人は蟹や小魚を捕まえたり、相撲を取ったりして遊んだ。河童の肌はぬるぬるとして掴みどころがなく、相撲では一度も勝てなかった。

気づけば、辺りは暗くなり始めていた。

「そろそろ帰るね。また遊ぼう！」

Kさんの言葉に、河童はぼそりと呟いた。

「……見つからなかったらね」

どういうことだろうと思いつつも、Kさんは笑顔で手を振った。

河童は終始表情に乏しかったが、微かに笑って手を振り返してくれた。

家に帰ると、出迎えた母が顔をしかめて叫んだ。

「あんた、ものすごく臭いよ！　服も、なんでこんなにベトベトなの！」

玄関で服を脱がされ、今すぐ風呂に入るよう言われた。

風呂から上がると父が帰宅しており、そのまま夕食の席に着いた。

Kさんは新しい友達ができたことが嬉しくて、つい河童の話をしてしまった。

初めは本気にしなかった両親も、詳細を語るうちに表情が強張ってきた。

「あの、大きな岩のある所か？」

「うん」

そこまで聞くと、父は黙り込んだ。

翌朝、Kさんが目を覚ますと、何やら家の外が騒がしい。

嫌な予感がしたKさんは、家を飛び出すと川へと向かった。

川には大勢の人が集まっており、父や警察官の姿もあった。

やがて救急車が到着し、担架の上にまだら模様の生物を乗せた。

「ひどい！　河童に何をしたの！　友達なのに！」

泣きじゃくるKさんに、父は頭を撫でながら優しく言った。

「あの子は……河童じゃないよ。ほら、おまえも何度か遊んだことがあるから知っているだろう。五年生のY君だ。しばらく前に、流されて行方不明になっていた」

遺体の肌は変色し、髪は抜け落ちて頭蓋骨が見えていたという。

当時、Kさんは河童の話を両親にしたことを随分と後悔した。

もちろん今では、あれで良かったのだと納得している。

急逝

Hさんの祖父は、盆栽が趣味だった。

日当たりのよい庭に棚場を造り、手間暇かけて大切に育てていた。幼少期のHさんは「きれい、すごい」等の単純な言葉でしか感想を述べられなかったが、それでも祖父は満足げな表情を浮かべていた。

「植物にだって愛情は伝わる。土も水も日光も大事だが、愛情に勝る栄養はない。立派な松も可愛いザクロも、わしの大事な子供だ。わしの分身なんだよ」

そう言って笑う祖父の顔を、今でも鮮明に覚えている。

祖父が亡くなったのは、Hさんが中学生のときだった。

日課であった朝の散歩中に突然倒れ、そのまま帰らぬ人となった。

通夜と葬儀の段取りで忙しい両親をよそに、Hさんは只々悲しみに暮れていた。祖父の面影を辿るように、ふらふらと庭に出て盆栽を眺めた。いつも祖父が座っていた縁側には、もう誰もいない。

「おじいちゃん、死んじゃったよ」

盆栽たちに報告を終えると、Hさんは涙を拭って室内へと戻った。

本通夜は明日で、今夜は近親者だけで仮通夜を行うことになった。Hさんも祖父に寄り添い、静かに時を過ごした。

やがて、夜も更けた頃――ふと思い立ったHさんは、祖父のそばに好きだった盆栽を持ってきてあげることにした。きっと祖父も喜ぶはずだ。

懐中電灯を持って真っ暗な庭に出ると、少々風が吹いていた。断続的に、ヒューヒューと風の音が聞こえる。なぜだかわからないが、Hさんは胸騒ぎがした。普段、夜中に庭へ出ることなどないから、気味が悪く感じるだけかもしれない。

黒松が植えられた鉢の前に立つと、しなやかに葉が揺れた。黒松の葉は固いので、妙に柔らかな動きに違和感を覚えた。反射的に、Hさんは手で触れてみた。

完全に髪の毛の感触だった。

「えっ?」

思わず凝視すると、黒松の鉢に生首が載っていた。いや、違う。載っているのではなく、生えていた。他の鉢も、植木は全て生首に変わっていた。男もいれば、女もいる。共通しているのは、樹皮の皺が反映されたかのように老人の顔であることだ。

「……ひゅうぅぅぅぅぅぅ」

さっきから聞こえていたのは、風の音ではなかった。

全ての生首が、激しく左右に揺れながら一斉に叫んだ。

「うううううぅぅぅ！　うわあああぁぁぁ！」

「うおおおぉぉぉ！　おおおおおぉぉぉ！」

元は松の葉であった髪が抜け落ち、風に吹かれて飛び散った。元はザクロの実であった頬が弾け、血液のように真っ赤な汁を滴らせた。

Hさんは震えながら家の中へ取って返すと、恐怖を堪えて家族の前では冷静を装った。こんな異常現象を、通夜の席で話すべきではないと思ったからだ。

翌朝、恐る恐る庭の様子を窺うと、全ての鉢は元通りの盆栽に戻っていた。正確に言うと、元通りではなく萎れていた。急いで水をかけてやったが、息を吹き返すことはなく、そのまま全て枯れてしまった。

もんちゃん

大学院生のS君から聞いた話。

S君は小学生の頃、近くにある公園で毎日のように遊んでいた。メンバーは近所に住む小学生ばかりであったが、いつも一人だけ知らない子が交じっていた。その子は皆から『もんちゃん』と呼ばれていて、学校では見かけたことがなかった。季節を問わず白いタンクトップに半ズボンという薄着で、無口だが常に笑顔の憎めない奴だった。

不思議なことに、もんちゃんは人の家には絶対に来なかった。

S君も一度、家に誘ったことがある。

「もんちゃん、今日うちにおいでよ」

「ダメなんだ、家の中は」

「どうして?」

「ダメなんだ」

理解はできなかったが、それでも無理強いはしなかった。

あるとき、S君は風邪を拗らせて一週間ほど学校を休んだ。

ようやく熱も下がり、明日は学校にも行けそうだった。夜中に起き上がり、水を飲もうと台所へ向かった。台所には磨りガラスの窓があり、庭の景色がぼんやりと見える。

そこに突然、白いタンクトップを着た少年のシルエットが映った。

「うわっ！」

思わず声を上げてしまい、まだ起きていた母親がやってきた。

「どうしたの？」

「ごめん、びっくりしただけ。もんちゃんだ」

磨りガラスを指差すと、母親も少々驚いた。

「あらまあ、こんな時間に。この子、友達なの？」

「うん、心配して来てくれたのかも」

「でも、もう遅いから帰ってもらいなさい」

「わかった」

S君が窓を開けると、そこには誰もいなかった。

「あれ……？」

庭を見渡し、窓を閉めると――再び白いタンクトップを着たシルエットが現れた。

S君は、即座にもう一度窓を開けた。やはり誰もいない。

窓を閉める。と、いる。そこに白いタンクトップのシルエットが。

「何で!?」

「こっち来なさい！」

母がS君の手を引いて逃げ出した。

台所を出る瞬間、S君は窓に向かって大声で叫んだ。

「もんちゃん、僕大丈夫だから！　ありがとう！」

翌日以降、もんちゃんは公園から消えた。S君は自分のせいだと思い、秘かに胸を痛めた。もんちゃんが何者だったとしても、大切な友達を一人失ったことに変わりはない。

今でもたまに、S君はもんちゃんの夢を見る。

夢の中では、相変わらず白いタンクトップに半ズボンのもんちゃんが、どこかの公園で子供たちに交じって楽しそうに遊んでいる。

廃屋のお通夜

Dさんが三十代の頃、営業職をしていたときに体験した不気味な話。

ある日、Dさんが新人時代からお世話になっている取引先の部長が亡くなった。仕事の都合で葬儀には行けそうにないDさんは、通夜に参列してお別れをすることにした。

時刻は午後六時すぎ。

仕事を終えたDさんは、喪服に着替えて故人の自宅へと向かった。案内状に記載されている住所によれば、目的地は近い。

キョロキョロしながら歩いていると、玄関先に喪服を着た女性が立っている家を見つけた。足を止めると、女性は静かに「どうぞ」と言って頭を下げた。

玄関の引き戸は開け放たれており、家の中からは薄明かりが漏れている。失礼ながら、随分と古い家だ。

「あの……受付はどちらでしょうか?」

Dさんの問いかけに、女性は頭を下げたまま「奥へお進みください」と呟いた。

とりあえず言われた通りにしようと思い、Dさんは家の中へと足を踏み入れた。

靴を脱いで奥へと進むと、薄暗い室内に布団が敷かれ、そこに御遺体が横たわっていた。周囲には、真下を向いて正座する喪服姿の人々。誰一人、一言も発しない。

どうしようかと悩んでいると、「どうぞ、お顔を」という声が聞こえた。皆が下を向いているためか、誰が発した言葉なのか判別できなかった。

Dさんが枕元に近づいて一礼すると、対面にいる遺族らしき人が御遺体の顔にかかっている白い布を取った。

その顔を見て、Dさんは少々戸惑った。

大きく見開いた目に、歪んだ口。まるで苦しんだ挙げ句に絶叫して死んだ直後のような表情であった。死後の処置を行った形跡が一切感じられない。自分の知っている故人の顔とは、あまりにも印象が違う。

不審に思いながらも、Dさんは失礼のないよう合掌した。本来言うべき「綺麗なお顔ですね」といった言葉は飲み込み、「お悔やみ申し上げます」とだけ言って一礼した。

どうにもおかしな雰囲気だった。そもそも、この家自体が廃屋にしか見えない荒れようだ。壁や畳は薄汚れているし、そこかしこに埃が積もっている。

居心地の悪さに耐え兼ね、Dさんは席を外した。トイレの場所を聞きたかったが、ここにいる人達には話しかけづらい。勘を頼りに廊下を進み、何とかトイレへ辿り着いた。

用を済ませてレバーを捻る。

水が出なかった。

と、次の瞬間——フッとトイレの電気が消えた。

驚いて廊下に出ると、家中が闇に包まれていた。ポケットから携帯電話を取り出し、その灯りを頼りに元の部屋へと戻った。しかし、室内には誰もいない。

御遺体があったはずの畳に、人型をした真っ黒な染みがあった。

後ずさりしたDさんが廊下に出ると、両サイドに大勢の黒い人達が整然と立ち並んでいた。相変わらず顔は見えないが、真下を向いたまま合掌している。

あまりの気持ち悪い光景に、Dさんは全身に鳥肌が立った。まるで自分が故人となって、見送られているような気がする。

廊下の左右から感じる重く暗い空気を振り切って、Dさんは家の外へと飛び出した。

どのくらい走っただろうか。最早、自分がどの家から出てきたのかもわからない。

困惑しながら歩いていると、門の前に忌中行灯の置かれた家が現れた。行灯《あんどん》に記された名前を確認すると、今度こそ間違いなく目的の通夜会場であった。

玄関先に受付が見えたが、どうにも入る気がしない。というよりも、今の自分が入ってはいけないような気がした。

期せずして、今夜は二軒目の通夜。

何らかの手段で身を清めてからでなくては、とてもではないが故人の前に立てない――

そんなふうにDさんは感じたという。

無人駅の貼り紙

今から二十年ほど前、Kさんは地元の鉄道会社に勤めていた。

田舎の路線ながら早朝勤務や深夜勤務も多く、多忙な日々を送っていた。

業務は様々であったが、その中のひとつに無人駅の巡回があった。駅員の常駐していない無人駅を回り、清掃や自動券売機の料金回収などを行う。

ある日、いつものように巡回業務を終えたKさんは、駅構内の掲示板に無許可の貼り紙を見つけた。通常、掲示物は月に数百円の利用料を払って鉄道会社の承認を得る必要がある。その貼り紙には、承認印がなかった。

貼り紙には『探しています』と書かれており、バストアップで撮られた男性の白黒写真が印刷されていた。下部には、連絡先の電話番号と住所が記載されている。

とりあえず連絡してみようと思い、Kさんは電話をかけた。

電話口には丁寧な口調のお婆さんが出た。

掲示板の利用が有料だとは知らなかったようで、謝罪とともに「いつ誰に支払えば良いですか?」と言った。ここは無人駅であるため、いつでも駅員に支払えるといった環境にはない。数百円の支払いに、手間も手数料も掛かる振り込みをお願いするのは心苦しかった。

事情が事情なので、Kさんは自宅まで集金に伺うことにした。

幸い、住所は駅からそう遠くない場所だった。

出迎えたお婆さんは挨拶の後、男性についての話を始めた。

写真の男性は夫で、半年ほど前に突然行方不明になったらしい。お子さんもいないため、現在は一人で暮らしているという。

「昔は学校の先生をしていた人でね、足腰もしっかりしてたんだけど。ちょっと身体を悪くして入院した後だから、心配で心配で……あ、お茶入れますね」

お婆さんは台所へと向かい、Kさんは玄関先で正座をして待っていた。

「……コホッ」

襖の開け広げられた右横の和室から、咳払いが聞こえた。

お婆さんは一人だと言っていたし、空耳だろうと思った。

「……コホンッ」

再び咳払いが聞こえた。今度こそ空耳ではない。絶対に誰かいる。

失礼は承知の上で、Kさんは一歩踏み出して和室の中を覗いた。

そこには誰もいなかった。しかし、男性と目が合った。正面にある仏壇に飾られた遺影が、真っ直ぐにKさんを見ていた。遺影の写真は、貼り紙に印刷されている白黒写真と全く同じだった。

「お待たせしました」

振り返ると、お茶を手にしたお婆さんが立っていた。

Kさんはお茶を一気に飲み干し、

「は、早く見つかるといいですね！」

と言って足早に玄関へ向かった。

靴を履いているKさんの背後で、お婆さんが呟いた。

「それでも時々は……」

聞こえないふりをして立ち上がったKさんの耳に、その続きが聞こえた。

「……帰ってくるんですよ」

幽霊一家

Tさんと従兄弟のマサルさんが、古い平屋の一軒家で体験した話。

この家はお化け屋敷と呼ばれ、幽霊一家が住んでいるという噂もある。そんなはずはないと、二人は知っていた。ここは元々、マサルさんの実家だからだ。

過去に事件や事故もない、死者も曰くもない物件だ。

来月には取り壊しが決定し、二人は昔よく遊んでいたこの家へ最後のお別れに訪れた。

時刻は夜の十時過ぎ。二人は持参した懐中電灯を手に、玄関の引き戸を開けた。

生まれ育った懐かしの我が家に、マサルさんは思わず「ただいま！」と叫んだ。

「……おかえり」

家の奥から聞こえてきた女性の声に、二人は飛び上がって驚いた。

間違いなく、二人とも耳にした。もしかすると、不審者が入り込んでいるのかもしれない。二人は現実的な怖さから、大きな声で呼びかけながら家に入った。

「誰かいますか!?　入りますよ！」

返事はなく、家の中は静まり返っていた。埃や汚れは目立つが、特に荒れた様子はない。残された家具や生活用品が整然と並び、今も誰かが住んでいるかのようだった。

ぽすっ……。

出所のわからない音が、二人の耳に届いた。警戒しながら前に進むと、所々に穴の開いた障子があった。Tさんが何げなく障子に指を突き刺すと、ぽすっと音がした。

さっきの音、こんな感じだったよな……そう思った直後。

ぎゅっ――。

何者かに、向こうから指を掴まれた。

「うわっ！　うわあああっ！」

悲鳴を上げて指を引き抜いたTさんが障子を開けると、床が抜けたのか腐ったのか、大きくへこんだ畳が見えた。当然ながら、誰もいない。

気のせいだったのかな、そう思いながら障子を閉めた瞬間。

ぽすっ……。

再び、あの音が聞こえた。

目の前の障子に、穴が開いた。そこから、小さな指がこちらに突き出ている。

思わず逃げ出した二人の耳に、子供の笑い声が微かに聞こえた。

続けて、後方から男性の声が響いた。

「こら、やめなさい……」

まるで親が子を叱るような口調だった。子供の笑い声に、Tさんは聞き覚えがあった。あれは間違いなく、今ここにいるマサルさんの声だった。そして叱る男性の声は叔父さん、つまりマサルさんの父の声に似ていた。

突然、立ち止まったマサルさんが呟いた。

「そう言えば……おかえりって言った声、あれは母さんの声に似ていた」

しかし、マサルさんの両親は存命中だ。引っ越し先の新居で、今も元気に暮らしている。わかるようでわからない怪奇現象に、なぜか二人とも笑みがこぼれた。曰くなき心霊スポットで起こる怪奇現象、その理由の一端に触れたような気がした。残留する思念は、怨念や無念だけではない。喜怒哀楽、強い思いはいつまでも残るのだろう。

この家には、想い出が詰まっている。

中村朔（なかむら・さく）

鎌倉在住。データエンジニア・シナリオライターとして活動する傍ら、実話怪談の蒐集・分析を行う。現在ｎｏｔｅにて実話怪談及び、実話怪談を蒐集する大学生たちを主人公にした夜話を執筆中。

★怪談マンスリーコンテスト受賞歴（過去二年）
二〇二三年九月　最恐賞

娘の腕

Sさんは一年前、事故で四歳の娘を亡くした。

転げたビー玉を追いかけて車道に出た娘が、車に轢かれたのだ。

とっさに伸ばした手が娘に届かなかったことが、Sさんの心に、ずっと重い枷として残っていた。

そのせいか、夢を見るようになった。


夢の中で、Sさんは娘と歩道を歩いている。

車道に飛び出す娘の腕を、Sさんが思い切り引っ張る。

間に合った。

そう安堵したところで夢が覚める。

そんな夢を、繰り返し見た。

夢を見るようになりしばらくしてから、部屋の扉が閉まらなくなった。

扉は動くが、最後の十センチくらいが閉まらない。

Sさんは家の建て付けの問題だと思って放置した。

それよりも、もっと気にかかることが起きていたからだ。

夜、眠っていると、枕元からすすり泣く声が聞こえてくる。

Sさんにはそれが、娘の声に聞こえてならなかった。


このことを信心深い母に相談すると、とある霊能者を紹介された。

泣き声が気になっていたSさんは、霊能者を訪ねた。

和室に通され、身に起きていることを話すと、霊能者はSさんの隣を見て、

「娘さんは泣いています。腕が痛いのでしょう」

と言った。

腕という言葉に思うところがあり、Sさんはいつも見る夢のことを話した。

私が引っ張るからでしょうか、そう尋ねると、霊能者は首を横に振って、Sさんの背後を指した。

和室の襖は、十センチほど開いたままになっていた。

「貴女が引っ張るから、娘さんの腕が伸びてしまっています。娘さんは貴女の隣にいますが、伸びた腕が床を這い、廊下まで続いている。腕が襖に挟まって、それが痛くて泣くのです」


Sさんの後悔が、娘をこの世に縛っている。

そして娘もSさんの側にいたくて、痛みを堪えているのだと言う。

霊能者の言葉に、Sさんの目から涙が溢れた。

隣にいてくれることが嬉しかった。

でも、それが今も娘を苦しめている。

それはSさんにとって、何よりも辛いことだった。


「娘さんの成仏を、お祈りしてよろしいですか」

霊能者の言葉に、泣きながら頷いた。

ごめんね、側にいてくれて、ありがとう。

祈りの声に合わせて、何度も繰り返す。

やがて、隣からすすり泣きの声が聞こえてきた。

声はしばらく続いたあと、泣き止むようにスンと鼻をすする音がして、それから聞こえなくなった。

お祈りが終わると、霊能者は部屋の襖を押した。

襖は隙間なく、ぴたりと閉まった。

その日を境に、部屋の扉は閉まるようになった。

ただ、どうしても、少し開けたままにしてしまうそうだ。

家族写真

写真館を営んでいたSさんの話。

Sさんの家は小さな写真館で、ロビーには持ち主の許可を受け、写真館で撮影された家族写真が飾ってあった。しかしスマホやデジカメの普及を受けて撮影の需要は減り、Sさんが事業を継いでしばらくした後、閉館することになった。

父親と閉館の準備を進めていると、ロビーの写真をどうするか、という話になった。他人の写真とはいえ、家族の思い出でもあり、ゴミとして捨てづらい。写真を預かった際に持ち主の住所は控えてあったので、連絡のつくものは返却することにした。

写真は何度か入れ替えがあり、かなりの枚数がある。それらを集めて返却の手続きを進めていると、その中に同じ住所の写真があることに気がついた。どちらも、両親と子という構成の、別の家族の写真だった。

借家であれば、引っ越しで別の家族が移り住み、住所が重複することもあるだろう。でも、そうではなさそうだった。母親と思われる女性が同じだったからだ。髪型や化粧は違うが間違いなく同じ人物で、母親以外は別の人物だった。同じ住所の写真は他にも見つかり、全部で十枚近くになった。

すべて普通の家族写真だが、家族構成が違う。母子の写真もあれば、祖父母も含めた大家族の写真もあった。どれも母親のみが同じ人物で、母親以外は別人だった。撮影年はバラバラだが、母親はどれも同じくらいの年に見えた。Sさんは父親に写真を飾った経緯を確認してみたが、記憶にないとのことだった。

どういう写真かわからないが、住所がわかる以上、返却するのが筋に思える。住所は市内だったため、Sさんは迷った末、直接返却に行くことにした。


住所の先は普通の戸建てで、荒れた感じはないが、生活の気配が感じられなかった。チャイムを押すと、しばらくして写真に写っていた女性が出てきた。女性は今から写真に写りに行くように、きちんとした身なりをしている。写真の返却に来たことを伝えると、女性は写真を受け取って、深々と頭を下げた。

そのまま頭をあげようとしないので、挨拶をして家を出ようとしたところ、背後から声がした。

「お撮りいただき、ありがとうございました」

振り返ると、女性はまだ頭を下げている。Sさんも頭を下げ返し、家を出た。

後日、写真館の書類棚から先日の女性の写真が見つかった。中央で椅子に座った女性がカメラに向かって微笑んでいる写真で、他の家族は写っていない。見合い写真のような構図だが、詳細がわかる記録は残っていなかった。Sさんは再び女性の家を訪れたが、そこには全く別の家族が、ずっと暮らしていたように住んでいた。

Sさんはその写真を、写真館の看板や古いカメラと一緒に、今も保管している。写真館の歴史の一部であるような気がして、残しておきたいのだそうだ。

母になる

　Hさんの実母は、Hさんが生まれてすぐに亡くなった。だから、あまり記憶に残っていない。それからはずっと父と二人で、母がいない家が当たり前だった。しかしHさんが高校生の頃に父が再婚をして、継母ができた。

　母がいない生活に慣れていたHさんは、いきなりできた「母」に戸惑った。Hさんとは逆のサバサバとした性格で、意見が食い違うことも多かった。歩み寄ろうとしたが、思春期のHさんはつい反抗して、些細なことで突っかかってはお互いにため息をつく、その繰り返しで、気づけば継母が大嫌いになっていた。折り悪く、父が単身赴任で県外に出てしまい、継母と二人きりの家はいづらい空間になっていった。

　その頃から、学校の帰り道にある女性を見かけるようになった。家に帰りたくない、そう考えながら重い足取りで家に向かっていると、目の前を和服の女性が歩いている。歩く姿はしとやかで品があり、Hさんは「こんな母親だったらよかったのに」と思ったという。

以来、Hさんはその女性を、度々見かけるようになった。

ある夜、Hさんは継母と喧嘩をした。きっかけは、継母がドアを開け放しにするといった、些細なことだった。いつもならどちらかが引き下がるが、その日はお互いに引かなかった。言い合いは次第に激しくなり、つい、「母親でもないくせに！」と叫んだ。しまったと思ったが、継母もHさんを睨み、「あんただって私の娘じゃない」と言った。それを聞いたHさんは継母を突き飛ばし、家を飛び出した。

スマホや財布を持たずに飛び出したせいで店に入れず、Hさんは夜の町をあてもなく歩いた。自分は間違ってない、あんな女、母親でもなんでもない……。そう思いながら顔をあげると、いつの間にか、Hさんの前を和服の女性が歩いていた。女性は曲がり角にさしかかったところで足を止めて振り向いた。そしてHさんに歩み寄ると、自然な感じで手を握ってきた。Hさんは戸惑ったが、女性の優しげな顔を見ていると頭がぼうっとして、「これで苦しい思いはしないで済む」という気持ちになった。

女性はHさんの手を引いたまま歩き出した。路地を抜け、古い神社の脇道から雑木林に入る。入ってすぐのところに、小さな社があった。

女性は社の片方の扉を開けて足を踏み入れた。子供が座ってようやく入れるくらいの小さな社なのに、女性は吸い込まれるようにするりと中に入った。社から伸びた白い手がH

さんの手を引く。不思議と怖さはなく、逆に安心感が心を満たしていた。

（この人が、私のおかあさんになるんだ）

そう思うと心が楽になり、Hさんは社の中に足を踏み入れた。

その途端、もう片方の手を思い切り引っ張られ、Hさんは地面に転がった。驚いて顔をあげると、継母がHさんの手を握って社を睨んでいた。社の格子越しに女性が無表情に継母を見ている。継母が庇うようにHさんを抱きしめると、女性は社の中の闇にすっと溶けた。気配が消えてから社の中を覗き込むと、中には古い布を巻かれた赤子くらいの大きさの石が置かれているだけで、それを見てHさんは初めてゾッとした。

しばらく経ってから、継母が口を開いた。戻らないHさんを探していると、知らない女性と歩いているのを見かけた。あとを追っているうちに、女性が生きている存在ではなく、Hさんを連れていこうとしているのがわかった。

継母はそこで言葉を区切って、絞り出すように続けた。このまま黙って見ていれば、Hさんはいなくなる。そうすれば、もう嫌な思いはしなくて済むと思った。

でも、気がつけば思い切り手を引っ張っていた、と。

「ありがとう……おかあさん」

口をついて出た言葉にHさん自身が驚いた。継母は泣き笑いのような顔をしてから、帰ろうと言った。帰りながら、お互いが思っていることを話した。継母はHさんのことが苦手だと言った。正直、どう接していいかわからないと。

でも、その苦手を変えたいのだと言い、Hさんは「私も」と答えた。

和服の女性は亡くなった母ではないかと思ったが、なぜか、女性の顔立ちがまったく思い出せなかった。父に聞いたが着物を着るような人ではなかったらしい。地元の歴史に詳しい教師に社について聞いたところ、昔この地域では口減らしに子供を養子に出すことがあり、子供を失った母親を慰めるためのものではないか、ということだった。

それからHさんと継母は少しずつお互いの話をするようになり、家は前ほどいづらい場所でなくなった。ただ、「おかあさん」と呼ぶのは照れくさくて、あのときから、まだちゃんと呼べていないのだと、Hさんは恥ずかしそうに語った。

うらがえり

Yさんが小学生のころ、家業がうまくいっておらず、家にはお金がなかった。学校で貧乏をからかわれることも多く、Yさんはそれが嫌で仕方がなかった。

「辛くても、心まで貧しくなってはいけんよ。人でなくなってしまうから」

祖母はそう言うが、心でお金が増えるわけでもなく、Yさんは耳を傾けなかった。

あるとき、同級生の男の子に服をボロ切れだとからかわれた。その服は母親が大事にしていた服を断って縫ってくれたものだった。母親を馬鹿にされた気がしたYさんは、感情の糸が切れて大泣きした。普段泣かないYさんが泣いたことで、みんなが集まって男の子を責めた。男の子は教師に叱られ、しばらくの間、クラスで孤立した。

それを見てYさんは胸がすっとした。同時に、簡単なんだと思った。みんなの同情を集めれば、周りの人がからかった相手を糾弾してくれるんだ。

それからYさんは、貧乏をからかわれると人目のあるところでわざと泣いて、まわりに相手を責めさせるようになった。それだけでなく、思う通りに行かないことがあると貧乏が理由であるように振る舞い、みんなの同情を引いた。今まで貧乏を馬鹿にされてきたのだから、そうすることが当然だと思った。クラスにはYさんを刺激しない空気ができて、貧乏をからかわれなくなった。そんなことを繰り返すうちに、何人かの友人は離れていったが、気分がよくなっていたYさんは気にしなかった。

そのころから、夢を見るようになった。夢の中でYさんは、口元に手を当てて吐き気を堪えている。吐き気を飲み込んでふと手を見ると、指がない。

同じ夢を毎日のように見た。展開は同じだが、最初は指だけ、次に手首から先、次に肘から先といった風に、どんどん体の消える部分が増えていく。やがて吐き気は、夢を見ていない昼間でも起きるようになった。

ある日、学校から帰ると祖母に引き止められた。祖母は目を見開いて、ランドセルにつけた御守りを凝視している。御守りは裏返しになり、中身がなくなっていた。

「あんた、いったい何をした。このままじゃあかん、あかんよ」

祖母はYさんの手を掴んで裏山にある古神社に連れていった。そこでYさんは神様に拝んだあと、両方の瞼に手水舎の水を塗られた。何か見えるか、と聞かれて見回すと、鳥居の下に何かがいた。その異様な風体に、Yさんは息を呑んだ。

人の形をしているが、全身が生肉のように赤黒い。裂け目のような白い目が、Yさんをじっと見つめていた。その輪郭はどうみても、Yさんのものだった。

「このままだとあんた、うらがえってしまうよ。その前にはよう、神様に謝り」

祖母の言葉に、夢のことを思い出した。

あれは指や手が消えていたんじゃないんだ、体が内側に裏返ってたんだ……。

途端に吐き気をもよおして、Yさんは足元に吐いた。ひゅうっと音がして顔をあげると、いつの間にか目の前にいたそれが大口を開けて、何かが出てこようとするように、その喉がぼこりと膨らんだ。

その瞬間、ずっと心の奥に押し込めていた言葉が、一気に口をついて出た。

ごめんなさい、ごめんなさい、自分のことばっかり考えて、ごめんなさい、わがままなんて、もういいません、いやしいことなんて、もうしません、だから助けて、助けてください、いやや、あんなもんになりたくない、ごめんなさい、ごめんなさい……。

何度も嘔吐しながら、Yさんは謝った。やがて吐くものもなくなったころに、神社の空気がふっと軽くなった。目の前にはもう何もおらず、「よかったよう」と祖母に抱きしめられた。Yさんは大声で泣いた。祖母も泣いていた。

足元にはひとり分には見えないほどの量の、真っ黒な吐瀉物の山ができていた。祖母は

Yさんと一緒に吐いたものを片付けながら、Yさんに言って聞かせた。

「貧しくてもな、まともでいれば行き逢わんのよ。あんなもんと行き逢うってことは、あんた、まともじゃなくなっとったのよ」

それからは、被害者ぶって我を通すことはしなくなった。怖い夢は見なくなったが、そのときに失った友人との縁は戻らなかった。それが罰なのだと思った。

「あのときの私は、心が貧しくなっていたんだと思います」

心まで貧しくなってはいけんよ、祖母の言葉を、Yさんは今も胸に刻んでいる。

じゃないと裏返っちゃうよ、とあのときのYさんと同じ、小学生になった娘に語って聞かせると、ハイハイと軽くあしらわれるのだと、Yさんは困った顔をした。

三すくみ

Mさんがまだ女子高校生だったとき、近所の神社で事件があった。

話を聞いたMさんは、オカルト仲間のSとAの三人で神社に向かった。事件の翌日で警官の姿はなく、御神木がロープで囲われているだけだった。御神木の側面に、何かを刺したような穴がある。話によると、女性がこの木で首を吊ろうとしたらしい。

それだけなら単なる自殺未遂だが、その経緯が普通でなかった。

自殺未遂を起こした女性は、この神社で丑の刻参りをしていた。それを神社の関係者に見られ、「殺してやる」と襲いかかったが逆に押さえつけられ、警察を呼んでいる間に今度は「死なせてちょうだい」と木で首を吊ろうとしたらしい。

「なんていうか。やることなすこと、運がないよね」

「だから呪おうと思ったんじゃない？　どっかに藁人形とか落ちてないかな」

「あれば警察が持ってってるでしょ。いちおう物証だし」

ダラダラ話しながら事件の痕跡を探していると、指半分ほどの長さの釘を見つけた。呪いに使ったものかわかんないけど、学校で話のネタになるな。そう思ったMさんは、釘を拾った。そのとき、耳元でカンと音がした。

見回したが音の出処になるものはない。気のせいかなと思い、釘をポケットに入れて神社を離れた。それから街に遊びに出たが、その間も定期的にカンという音が聞こえてきて、その音が妙に気に障ってイライラした。AやSも珍しくピリピリしていて、三人で言い合いになり、そのまま喧嘩別れした。


音は家に帰ってからも聞こえてきた。それどころか音は段々と大きく、聞こえる間隔が短くなってきた。音が続くごとに頭が重くなって、視界が端から赤く染まっていく。丑の刻参りと関係あるのでは……と考えたときには、体調は完全におかしくなっていた。

赤い視界に同調するように怒りが湧きあがり、その矛先は昼に喧嘩をしたAとSに向いた。許せない、殺してやる、ブツブツと文句を呟きながらポケットに手を入れると、指先が神社で拾った釘に触れた。

夜中、白い服に着替えたMさんは金槌を手に神社に向かった。視界は既に真っ赤で、画面越しに自分の行動を眺めているような感じがして、現実感がなかった。手に持った釘を誰にも見られないように御神木に打つ。頭はそのことでいっぱいだった。

神社に足を踏み入れ、御神木に向かうと、木の前に白い人影があった。姿を隠そうとしたMさんの足が砂利を踏み、人影が振り返る。

（見られたら……殺さなくちゃ）

頭にそう浮かんで、人影に足を向けた。相手も体をこちらに向けて、手に持ったものを振りあげる。互いに足を踏み出したとき、背後から別の足音がした。Mさんと人影が同時に音の方を向くと、神社の入り口にもうひとつ、白い人影があった。

途端に視界の赤色が点滅し、ふっと元の色に戻った。見ると御神木の前に立っていたのはSで、遅れてやってきたのはAだった。

「えっ。えっ？　えええっ⁉」

三人それぞれに混乱してから神社を逃げ出して、近所のファミレスに入った。そこでお互いの身に起きたことを話すと、みんな同じで、釘を拾ったらカンと音がして、視界が赤くなって、なんか怒りが湧いてきて神社に来た、という流れだった。

三人で討論した結果、あの釘はやはり呪いに使われたもので、そこに残っていた思念だか呪いだかの影響を受けたのでは……ということになった。

そう結論づけてから、改めてお互いの格好を見て大笑いした。普通の高校生が白装束なんて持っているわけもなく、MさんとSは白のワンピース。普段スカートを穿かないAに至ってはホワイトジーンズと白のスウェットで、金槌が見つからなかったらしく、玄関にあったでかい王将を持ってきていた。

　一通り笑ったあとで帰ろうとしたが、持ち物は金槌と王将だけでお金がなく、店に電話を借りて親にお金を持ってきてもらい、大目玉を食らった。


「たぶん、三人目が来るって想定外だったんじゃないですかね。ほら、仕様が曖昧だとイレギュラーなことに対応できないじゃないですか。呪いって、そうやって細かいとこまでイメージしとかなきゃいけないんだなって、厳しいもんだなって思いました」

　現在IT企業で顧客の細かい要望に対応しているMさんは、ため息混じりに言った。

　三人は今でも仲良しで、白い服を着ていると「神社帰りかよ！」とからかわれるのがお約束なのだそうである。

宿屋ヒルベルト（やどや・ひるべると）

一九九〇年、北海道生まれ。本職は文芸編集者。仕事でのリサーチをきっかけに怪談蒐集に目覚め、二〇二二年から本格的に執筆・投稿を始める。最近は「語りの芸」としての怪談を磨くべく怪談会にも出演。

★怪談マンスリーコンテスト受賞歴（過去一年）

二〇二二年九月　最恐賞
二〇二二年十月　佳作
二〇二三年一月　佳作
二〇二三年二月　最恐賞
二〇二三年八月　最恐賞

たまのえさん

古閑さんが気ままな青春18きっぷの旅でその町を訪れたのは、三月の名残雪と呼ぶには風情に欠ける、くるぶしまで埋もれるほどの大雪が降った翌日だった。

駅前の商店街で冬靴を調達して、古閑さんは町を散策することにした。宿場町の面影残る古い街並みを、雪が白く染める景色を眺めたかったのだそうだ。

大通りを外れて細い路地を歩いていると、小学校高学年くらいだろう女の子が道の真ん中でしゃがみこんでいるのに出くわした。

「何してるの？」と声をかけると、振り返って笑顔で、

「たまのえさん。お兄さんもやる？」

見ると一抱えほどの雪山に横穴を掘った、かまくらのようなものができていた。

「たまのえさんって？」

「お兄さん、ロウソクかマッチ持ってる？　煙草でもいいよ」

煙草ならあった。女の子が言うには、この小さなかまくらの中に火を灯して、心の中で

「たまのえさん、つなげてください」と呼びかけると、その人にとって大切な、亡くなった誰かの声が聞こえてくる……そんなおまじないらしい。今の子もそんなコックリさんみたいなことをするんだなと、面白く思ったという。

促されるままに火をつけた煙草を穴の中に立てて、目をつぶって「たまのえさん、つなげてください」と心の中で唱える。亡くなった大切な人と聞いて、思い当たる相手もいなかったが。

すると。

いたいよぉ……いたいよぉ……。

その苦しげな声は、確かにかまくらの中から聞こえたという。消え入りそうな、かすかな呻き。でも古閑さんには分かった。半年前、大喧嘩の末に別れた元恋人の声だった。

唖然とする古閑さんを見下ろすように立って、女の子が言う。

どうするの？　痛そうだよ？　心配だよね？

「中を覗いてみたら？」

そうだ。

言われるまま、古関さんは腰をかがめて――

「だめだよ」


ふいに背後から雪のつぶてをぶつけられ、古関さんは我に返って振り向いた。

テカテカしたダウンを着込んで長い髪を金に染めた、いかにもヤンキーという風貌のお姉さんがやってきて、かまくらをずかずかとブーツの足で踏み潰した。

声は消え……ふと気づくと、女の子もいなくなっている。

お姉さんは「気をつけなね」と古関さんの肩をぽん、と叩くと、そのまま行ってしまったという。

その夜、心配になって久しぶりに件の元恋人さんに電話してみたが、向こうはピンピンしていて「もう新しい彼氏もいるし、連絡してこないで」と冷たくあしらわれたそうだ。

学祭公演

野上さんは高校時代、演劇部に所属していた。

高二のとき、学祭公演でホラーをやろうと盛り上がり、その頃話題になっていた『リング』と『ブレア・ウィッチ・プロジェクト』をいい加減に混ぜたようなオリジナル脚本が出来上がった。二〇〇〇年頃の話だ。

森の奥にある呪いの井戸を大学のオカルト研究会が調査に行くという筋書きで、野上さんの役は「知らない古井戸の夢を見て、そこから顔を覗かせた女に『おいで』と誘われる女子大生」だった。舞台に設置する、直径一メートルほどの大きな石積みの丸井戸の張りぼても、段ボールと粘土で作られた。

ある日の放課後、野上さんが委員会の仕事で遅れて、稽古場の多目的教室に入るといきなり怒鳴り声が飛んできた。

「あんたたちはさぁ！」

見ると、他の演者の子たちがうなだれて並んでいて、先生に怒声を浴びせられている。

あらら……巻き込まれるのが嫌だったので、野上さんは説教が終わるまで遠巻きにしていようとその場で立ち止まった。

先生の怒りはヒートアップしていく。

「信じる心が何にもないじゃない！　みんな本気で信じてないでしょ？　それじゃ伝わらないよ！　本当にここが森で！　井戸で！　女が死んだって本気で思ってないでしょ？」

彼女は教室の中央に置かれた井戸のセットを指さしてヒステリックに言う。

誰かが真剣さに欠いた振る舞いをして、逆鱗に触れたのだろう。まだ本番には日があるのにそんなに怒らなくても……と野上さんが思っていると、

「本当にここが井戸だって信じることができてたらね！　本当になるんだよ！」

そう叫んで、先生は丸井戸にぴょん、と飛び込んで――そのまま視界から消えた。野上さんはぎょっとした。セットの高さはせいぜい三〇センチ、膝くらいで大人が屈んで身を縮めたって見えなくなるはずがない。

ややあって、じゃぼんっ……という水の立つ音が教室中に響いた。

その瞬間、無言でうなだれていた部員たちがハッとしたように顔を上げ、互いを見合わせる。野上さんも、「それ」を急に思い出した。

「――ねえ、今の人誰？」

知らない女だった。なのになぜか、その場にいた全員が「それ」が井戸のセットに消えるまで顧問の先生だと思い込んでいた。もちろん、井戸を覗いても教室の床があるだけだった。

そんなことがあって「ホラーはやめとこう」ということになり、学祭公演は急ごしらえで作った『ロミオとジュリエット』のパロディの喜劇をやって、ハチャメチャに滑ったという。

どこの川にもいるモノ

千葉で書店員をしている井上さんから聞いた話。

彼女の自宅と職場は大きな川を挟んで二キロほどの距離にあり、毎日、自転車で往復していたという。

その夜は棚卸しがあって、いつもより帰りが遅かった。人通りの絶えた、街灯はあるものの薄暗い橋の歩道を井上さんはひとり渡っていた。

ふと、十メートルほどの真っ黒な川面に、何か浮いているのが視界の端に入った。井上さんは自転車を停めた。それが人だったような気がしたからだ。

橋の欄干から身を乗り出して目を凝らすと、白っぽくて丸い……やはりスキンヘッドの人の頭のように見えた。投身自殺者？　井上さんがそんな想像をしたときだった。

ぞばばばばば。

大きな水音とともに「それ」は川の中から姿を現した。

頭のように見えたのは、中指の先だった。二メートル以上はありそうな、五指を広げた手首が底の見えない黒い水の中から突き出てきたのだという。指が長くてしなやかな、女性の手に見えたそうだ。

巨大な手はそのままスー……っと、水面に白く波紋を引きながら橋下に潜っていった。

あまりのことに硬直していた井上さんは、ふと我に返って後ろを振り向いた。

だが橋の反対側から手が出てくることはなく、そのまま消えてしまったという。


そんな話を聞いたと飲み会の席で喋っていたら、他社の先輩編集者の永井さんが「マジ？　俺も子供の頃見たことあるよ、デカい手！」と真っ赤な顔で身を乗り出してきた。

少年時代、永井さんは福岡の大きな川が流れる街に住んでいたらしい。

野球部の練習が終わった夕方、ひとり河川敷を歩いていたときに突然、大きな水しぶきを上げて川面から巨大な握りこぶしが突き出たのを見たという。手はそのまま、永井少年の目の前でざぶりと弧を描いて水の中に潜っていったそうだ。

「ほら、旅行番組とかでホエールウォッチングの映像が流れることあるじゃん。あのクジラがざぱーんって大ジャンプする。あんな感じだった」

どこの川にもいるのかもな、そういうのが——永井さんは真剣な表情でそう言った。

私たちの話を横で聞いていた別の編集者が、最後にぼそっと呟く。

「もしその、福岡のヤツと千葉のヤツがどっかで鉢合ったら……やっぱりグーとパーで千葉の方が勝つんですかね」

ただいまー

白井さんは小学生の頃、古い言葉で言うところの「鍵っ子」だった。
お父様が小さな会社を経営していて、お母様もそこで経理のパートをやっていたので、いつも仕事が終わって夕方の六時頃に連れ立って帰ってきたのだそうだ。本人曰く「友達のいない暗い子だったので」、四時過ぎに学校から帰宅して二時間ほどは家で一人で過ごしていたという。もっとも、白井さんはスーパーファミコン世代。小金持ちのボンボンとして玩具やゲームソフトは潤沢に買い与えられていたので孤独を感じることはなかったそうだ。
その日も誰もいない自宅に帰ってきた白井さんは、二階の自分の部屋に上がってゲームに興じていた。確か『ドラゴンクエストV』だったという。
しばらくして、下で玄関が開くガチャ、という音がして、
ただいまー
父の声がした。

普段なら下りて出迎えるのだが、そのときちょうどゲームが良いところで手が離せなかったそうだ。おかえりー、と声だけかけてバトルに集中していると、リビングの引き戸をガララと開ける音が響いてきた、

ただいまー

と父が言っている。続いて、足音が響いて……また、

ただいまー

足音と父の声が、断続的に聞こえる。

白井さんはそこで違和感に気づいた。彼の部屋は間取りとしてちょうどリビングの真上なので階下の音はよく聞こえるのだが、足音が移動していないというのだ。

その場で足踏みしながら、「ただいまー」「ただいまー」「ただいまー」と繰り返している。

これ……本当に父さんか？

そう思ったとき、外で車のエンジン音が聞こえた。

車庫に停まり、エンジンが切られてドアが開く音。玄関が開く音。「ただいまー」という、父と母の声。

そうだ。白井さんは思い出した。両親はいつも、父が運転する車で出勤し帰宅するのだ。先ほどは車の音もしなかった。

怖くなった白井さんは、父と母の顔が見たくてリビングに下りていった。

「おい、なんだこれ？」

目を丸くしている父と行き合う。どうしたの？　と洗面所にいた母もやってきた。

「お前なんかやったか？」

父は怪訝な顔でリビングの床を指さした。直径四十センチほど……ちょうど、大人が足を揃えて立ったくらいの範囲のフローリングが、真っ黒に焦げていたという。

白井さんはゾッとして、先ほどまでの出来事を話した。

不審者じゃないかと両親は家中を見て回って警察も呼んだが、どこの出入り口も窓もちゃんと鍵がかかっていたし、何をしたら火の気のない場所でこんな焦げ跡がつくのかも分からないままだった。

結局、すべて謎のまま「……キツネか何かに化かされたのかな」というところで話は落ち着き、今では白井家ではこの件は、焦げていたということは火属性のキツネだったんだろうと「Ｆｉｒｅｆｏｘ事件」と呼ばれているそうだ。

御縁があったら

ライターの米澤さんは数年前、埼玉県の某所にあるそのマンションを訪れた。

いわゆる「限界マンション」――住民の高齢化と減少で管理組合が機能せず、資金不足で修繕計画も止まってしまっているような破綻した老朽マンションの現状と、そこに住む人々の声を取材するという、さる経済誌の企画だった。取材先を探すのには苦労したが、大学の先輩のKさんという人が不動産仲介業者に勤めていて、アポ取りに骨折ってくれた。

『ここのオーナーさんからOK出て、自治会長さんが取材受けても良いって言ってるぞ』

そう電話をくれた翌週末には、早速約束を取り付けてもらって自分とKさんの名刺を手に現地へ向かったそうだ。

都心から電車とバスを乗り継いで二時間ほどの、典型的な郊外ニュータウンにそのマンションはあった。休日の昼間だというのに、人の気配は全くなく静まり返っている。

一階は共用部、二階から五階には各六部屋が並んでいる。見上げた二十四部屋分のベランダは、下から見える範囲だけでもカーテンが引かれていない空室らしいところばかりだ。

吹付タイルの白壁はあちこちにヒビが走っていて、黒ずんだカビに覆われていた。中に入って集合ポストを覗く。ほとんどの郵便受けはべったりとガムテープで塞がれており、やはり使われていそうなのは各階一つか二つだけだった。

ひどく急な階段を上がって二階の、自治会長氏の部屋を訪ねる。ゆったりした白いセーターを着た恰幅の良い男性で、まだ四十代そこそこに見えた。聞くと、ここに引っ越してきてまだ三年ほどだという。

居間に通され、奥さんがコーヒーを出してくれた。白いカーディガンを羽織った、夫とは対照的に小柄で痩せぎすで、顔色の悪い女性だった。奥さんにも座ってもらって、ＩＣレコーダーを回して取材を始めた。

……十分も経たないうちに、米澤さんは失敗だなと思ったという。

ふたりともどうにも、質問と回答が噛み合っていないのだ。

御主人は、お仕事は何をされていますか？　──今は、待っています。

どうしてこちらのマンションを選ばれたのですか？　──御縁ですから。

住民の方は何人ほどいらっしゃるんでしょうか？　──仲間とは常につながっています。

生活していて不便なことは？　──待っていれば御縁があるはずです。

普段のお買い物はどうされていますか？　――待たねばならないので外出はしません。

何を待っていらっしゃるんですか？　――分かりません。まだ来ていないので。


こんな具合だったらしい。参ったなと思いながらも、質問の流れでアイスブレイクに、過去の取材にまつわるちょっとした失敗談を口にしたときだった。

そこまで面白いことを言ったとも思わないが、夫婦は同時に、突然、肩を揺らして火がついたように爆笑したという。

けひひひひひ。かかかかかかかか。

大口開けて笑うふたりを唖然と見やり、米澤さんはそこで初めて気づいた。

ふたりとも、上下左右の犬歯が一本もなかった。

抜歯の隙間が、歯茎にぽっかりと空いている。

勿論……隣の歯と重なって八重歯になっているときなど、矯正のために犬歯を抜くことはあるだろう。だが、四本すべてというのは見たことがない。それも、夫婦揃って。

「……どうされたんですか、その歯？」

つい、聞いてしまったそうだ。ふたりは顔を見合わせ、またヒステリックに笑い出した。

こりゃ駄目だ。

直感的に思った米澤さんはそこで取材を打ち切り、形ばかり礼を言って部屋を辞した。

足早にマンションを出たところで、何か小さいものがこつん、と頭に当たって地面に落ちた。えっ、と思い立ち止まると何個も何個も何個も、小石のようなものが米澤さんの頭に、肩に、あるいは足下に降り注いだ。

地面に転がる無数の白い粒。米澤さんが予期したとおりそれは。

人間の歯だった。中には今抜いたばかりらしい、歯根に肉が詰まって赤い血がぬめっと光っているものさえあった。

振り返り、上を見上げた。すべての部屋のベランダに人が立ってこちらを見下ろしていた。若者も年寄りもいた。みんな白い服を着て、こちらに手を振りながら笑っていた。その口の中までは見えなかったが、恐らくは。

「よねざわさあん」

自治会長もいた。満面の笑みで声を張り上げる。

「御縁があったらお迎えに行きますねえ」

学生時代以来久しぶりに全力でダッシュして逃げたと、米澤さんは苦笑する。

翌日、取材が不首尾に終わったことだけは伝えようと、Kさんの会社に電話したのだが。

Kさんは失踪していた。

上司だという女性から「急に退職すると電話で言ってきて、それきり音信不通なんですよ」と聞かされたそうだ。

そして一週間ほど経って、米澤さんは自宅の郵便受けにICレコーダーが突っ込まれているのを見つけた。あの日、自治会長の部屋に忘れて、さすがに取りには行けないと諦めたものだった。

タイムスタンプが二日前の日付になっている五秒ほどのファイルが増えていた。再生してみると、Kさんらしき声が入っていた。

『お前には御縁がなかったみたいだな。まあ、しょうがないよな』

もごもごと妙にこもっているというか、滑舌が悪く聞こえた。まるで——歯を全部抜いてしまったような声だったと米澤さんは言う。

Kさんは今も見つかっていないそうだ。

多故くらら（たこ・くらら）

東京都在住。二〇二三年二月より執筆開始。東欧、北欧、アフリカから金沢、東京まで幅広く怪談蒐集中。何方かの人生の脇道や曲がり角、行き止まりの片隅に打ち捨てられていた怪奇が私にとっての大切な宝物です。

★怪談マンスリーコンテスト受賞歴（過去二年）

二〇二三年二月　佳作
二〇二三年三月　最恐賞
二〇二三年六月　最恐賞

わたしの母さん

今は閉店したMデパートに勤めていた、林さんから聞いた話。

四十年程前、林さんが最初に配属されたのは、五階の子供用品売り場だった。

ある日、林さんは赤ん坊位の大きさの人形が、階段に座っていることに、ふと気づいた。

三つ編みで小花柄のワンピースを着た、テレビの『大草原の小さな家』の主人公のようなソフトビニル人形だった。

(忘れ物かな?)と近寄った途端、玩具売り場のチーフが(ダメ! ダメ!)とジェスチャーをしながら飛んできた。

すると、向こうから七十代位の小柄なお婆さんがやってきて、

「母さんの言うことをきかない悪い子は、今度こそ置いていくからね!」

と言って、人形を抱き上げ、そそくさと去っていった。

呆気にとられている林さんに、

「理由は知らないけど、わざと人形をデパートに置き去りにしては取り戻しに来る、変な

お婆さんよ」

そう、チーフは言った。

その後も何度か、あの老婆を見かけたが、いつも人形を置き去りにして涙ながらに叱り、連れ帰る繰り返しだった。

珍しくB1の階段に人形が置き去りにされた日、閉店時間になってもなぜか老婆は迎えに来ない。仕方がなく、人形は同じフロアの遺失物倉庫に移された。

翌朝、B1の食料品売り場で事件が起きた。出勤してきた社員がバックヤードの扉を開けると、大量の鼠が飛び出してきて、あっという間に路上へ逃げ去ったという。

すぐに、出入りの害獣駆除業者を呼んだが、もう鼠は見つからない。

ただ、遺失物倉庫を開けると異様な臭いがする。

何事かと調べると、あの人形の首が半分もげ、中から黒い粒があふれ出していた。

見ると、体中にビッシリと『正露丸』が詰め込まれている。

業者によると『正露丸』の香りは、鼠などの齧歯《げっし》類が本能的に恐れる、山火事の匂いに似ているという。

かくして、中身を捨てられた人形は、規定の三ヶ月は保管され、ついに廃棄処分となる前日。

突然、あの老婆が笑顔でやってきた。

「もう迎えに来て、と昨晩あの子から電話が来ました。お世話になりました」と挨拶をする。

誰も老婆の連絡先など知らず、何より、人形が電話などできるはずもない。

――しかし、玩具売り場のチーフだけは、震えていた。

「今朝、売り場に行ったら、内線電話の受話器が外れていて、横に正露丸が一粒、落ちていたんです」

嬉しげなお婆さんと帰る人形の姿を見たのは、その日が最後だったと、林さんは言う。

SHUNO BAN SAMA

ハワイに住むボブさんと東北地方に住む木村さんに纏わる話である。

ボブさんの祖父の源蔵さんと、木村さんの祖父の作男さんは仲の良い幼馴染みだった。

源蔵さんは十歳のときに父親に連れられて、一家でハワイの離島へ渡った。

サトウキビの製糖工場で働くための、労働移民だった。

当時、その地域からハワイへ移民を斡旋する場があり、凶作で土地を失った者や、冷害もない常夏の島で働いて財を成したいという大志を抱いて渡る者も多かったという。

残念ながら、その後は、源蔵さん一家と作男さんは全く音信不通になってしまった。

長い船旅の果ての新天地での労働がそれだけ過酷だったのだろう。

だが、昭和の中期になって作男さんがハワイを訪れ、一家が村にいた頃の商売を頼りに源蔵さんを探し出し、奇跡的に再会が叶った。

源蔵さんの一家は、地元にいたときは豆腐屋を営んでいた。

まだ真っ暗な二時、三時から豆乳を煮て、白い湯気を窓から上げるような働き者の家族でラッパ片手に豆腐を売り歩く、健気な源蔵さんの姿もよく村では見られた。

ある日、作男さんの五歳になったばかりの弟が、村の悪童達にいじめられて、川に落とされたことがあった。たまたま豆腐売りの帰りに通り掛かった源蔵さんが、天秤棒に紐で吊っていた豆腐桶を川に投げてくれたおかげで、作男さんの弟は、桶に縋《すが》って命が助かった。

「あのときに命が尽きていたはずの所を救われて、結局、弟は二十歳で海で死んだが、十五年も寿命が延びた。命の恩人にはひ孫の先まで報いなけりゃいかん」

祖父の作男さんから、木村さんはよくそう聞かされていた。


ハワイに渡ってからも豆腐作りを続けていた源蔵さんの父親は、サトウキビ農園やパイナップル工場、鉄道敷設の会社などに日本からやってきた仲間のために自家製豆腐を販売していた。そのため、『豆腐屋の○○さん』という呼称で島内に知り合いが多かった。そのことが幸いして、七十年ぶりの幼馴染みとの再会が叶ったのだ。

二人は涙を流して喜び合い、小高い丘にある日系一世の墓参りをした。

そして激動の時代を生き延びた苦労を語り合い、互いの息子や孫が生まれたことを祝って今後も末永い交流を誓った。

源蔵さんと作男さんが相次いで亡くなった後も、ボブさんの父親と木村さんの父親、そして孫のボブさんと木村さんへとその交流は受け継がれた。

木村さんは先祖代々の村に住み続け、ボブさんとの文通も年に一、二度ながら続いていた。しかし、時代の変化で、小さな村に残る若者は減り、盆踊りや村祭りの維持も難しくなった。ボブさんへそのことを手紙に書くと、逆にハワイでは、盆踊りを『ボン・ダンス』として日系移民の子孫が継承し、一世が伝えた提灯や浴衣も華やかに、先祖の霊と生者とが一体になる喜びの踊りの輪が、夏の週末はずっと続くという。

『一度、自分の住むハワイの島に来てほしい』

そんなボブさんの招待に、木村さんがやっと応えられたのは、数年前のことだった。

故郷の盆踊り歌とボン・ダンスの勇壮な太鼓のリズム、踊る人々の熱気と笑顔。

血湧き肉躍るとはこのことだと木村さんはしみじみと思った。

「やっぱり日本人の血には太鼓の音が先祖代々受け継がれてるんだなぁ」

木村さんは感極まって、胸の奥にしまっていた思いの丈をボブさんに打ち明けた。

高齢化した村への不安。丹精込めて作った桃や野菜を根こそぎ盗みにくる、新手の泥棒のこと。

里に下りるようになった熊にも畑が荒らされるようになってしまい、地域に危険が増したこと――。

　ボブさんは黙って聞いてくれた。そして、こう言った。

「恐ろしいシュノバンサマは、出なくなったんですか？」

　――シュノバン……さま？　さて、どっかで聞いたような……。

「ああっ、思い出した！　そうだ、首の番！」

　首の番とは、村に伝わる化け物で、真っ赤な顔で三日月のように吊り上がった眼光鋭い黄色い目を持つとされていた。朱の盤と表されることもある。

「鎮守の森で首の番様の姿を二度見たら命を取られる、見つけても決して近づくな」

　木村さんは幼い頃に、作男祖父さんから教えられていたことを思い出した。

「自分の村の鎮守の森には、恐ろしいシュノバンサマが出るから、外からやってきた盗人も、人喰いの獣もみんな逃げ出す――とお祖父さんから聞いてました」

　堂々とした厚みのある体躯のボブさんは、さも恐ろしげに首をすくめた。

　木村さんは、とうに忘れていた村の化け物の話がハワイで伝わっていることに興味を覚え、さらに聞いてみた。

「源蔵さんはシュノバン様について、あとは何か言ってましたか？」

「一度だけ森で見たこともあると言ってたね。血のような赤い顔で目がイエローに光っていたと。だからあのコミックのヒーローは苦手でした」

「ああ、あのクモのですか?」

「そうです。シュノバンサマにそっくりだから、と。お祖父さんは、見るたびに怖いと言ってましたね」

化け物の話が水を呼んだのか、今度はボブさんが、不思議な話をしてくれた。

「誰にも言えない話ね。もう、四十年も前のことです……」


ボブさんの家は、その頃からサトウキビ畑のすぐ目の前にあった。

ある朝、ボブさんが日課のランニングをしているときだった。

畑の真ん中から、「ダーン!」と、一発の銃声が聞こえた。

慌てて家に帰ると、近所の七歳の男の子が実の父親に銃で撃たれたのだとわかった。その父親はすぐ逮捕されたが、動機は不明のまま、島内は騒然となった。ボブさんは顔見知りの少年の死を大変悲しんだ。

「――次の年から始まりました。あの子の命日に必ず、今は廃園になったサトウキビ畑から銃声が聞こえます。最初は、気のせいだと思ったね。でも、毎年必ず聞こえてきます。今でも銃の音に合わせて、鳥が一斉に畑から飛び立つから、あの音は本当にしているね」

毎年、男の子の魂の救いを祈っているが、銃声は未だに止まないのだと――。

とても悲しげに、ボブさんはため息をついた。

木村さんは何とも――ボブさんにかける言葉がなかった。

翌日、帰国土産を買いに行った現地のスーパーで、木村さんは、空気を入れて膨らますタイプの、等身大のヒーロー人形を幾つも買った。

ボブさんと再会を約束して日本に帰ると、早速、まずは、低重心スタイルのヒーロー人形を畑に置いてみた。

木にもよじ登らせて固定し、畑の裏道には、戦闘態勢の形で何体も並べて置いてみた。

すると、深夜に果樹をもいで逃げるような盗難被害が不思議となくなった。

近所からも、

「あの人形は、夜になると一人で動くのけ?」

と不思議そうに訊かれたことがあった。

深夜の畦道を赤い身体の生き物がのそのそと、目を光らせて移動していたという。

「そんなまさか、おっかねえこと!　そりゃ、首の番さまのお戻りかもしれねえなあ」

ボブさんのおかげで、木村さんに笑顔が戻った。

木村さんは、ハワイからの帰国後から、村の先祖代々の墓へ参る度に、

(ボブさんの四十年に亘る悲しみが……救われるといいなあ)

と、いつも祈っていた。

すると、その年の冬、ボブさんから手紙がきた。

「今年はあの子の命日にサトウキビ畑から銃声が聞こえませんでした。そのかわり、『カンキン！　カンキン！』という声が聞こえました。源蔵お祖父さんが、昔よく言っていた『速く！　速く！』の日本の言葉です。不思議に思って見に行くと、遠くの方に小さな男の子を肩車した、若い日本人の後ろ姿がありました。子供を肩車をしたまま、楽しそうに走っていました。もしかしたら、お祖父さんが川で助けた、作男さんの弟の魂がハワイに来て、あの子を慰めてくれたのではないでしょうか。私はそう思います。本当にありがとう。懐かしい友よ」

二人の友情は、今も変わらず続いている。

日曜日のパンケーキ

勝男さんは、八歳までお母さんと七歳年上のお兄さんと三人で暮らしていたが、生活は荒《すさ》んでいた。母親はまともな生活に縁がない人で、部屋はゴミ袋の山に埋もれ、食事も風呂も運が良ければありつける程度で、二人とも学校へは一度も行ったことがなかった。

住居は母親が「じいちゃん」と呼んでいる老人の家の二階を間借りしていたが、本当の祖父ではなかった。老人は、廃品回収で暮らしていて、古雑誌や古い家電が部屋の天井まで積み上がっていた。そして腐ったような臭いがする片足が象の足のように腫れているせいか、老人が二階へ上がってくることは決してなかった。

母親は夜の街に立つか、夜の街から車で客の元に運ばれる仕事をしていた。

碌でもない客に遭った日は、母親は恐慌状態で帰宅し、しばらく泣き喚いてから自分の腕や膝から下をひたすらカッターで切っていた。ダラダラと血が流れるのを見ると母親が死んでしまうのではないかと怖くて、「やめて、やめて」と勝男さんはよく泣き縋った。

——ただ、兄は違った。母と同じように、拾ってきた割れガラスで自分の腕を切ってはじっと血が流れるのを見ているような子供だった。母親は、勝男さんが泣き喚いても無反応だが兄が横に座って一緒に手首を切り始めると、眼に力が戻ってくる。そして、

「あんたはちゃんと生きてるから、もうやめな」

そう言って、兄のガラスを取り上げ、自分もカッターを置くのだった。

ある日、母親がひどく顔色の悪いときがあった。色白で髪も目も色素が薄く、折れそうに細い人だったが、紙のように顔が白くなり、腹を抱えてゴミ袋の上をのたうち回った。股からドクドクと激しい出血が続き、母親の下でゴミ袋の山が赤く染まった頃。

母親の股の間から、ボチャっ――と何かが落ちてきた。

白くブヨブヨした塊で、片手にのるくらいの大きさだった。うす青い血管のようなものが蜘蛛の巣のように白い表面に走り、茶色い管のようなものも中に透けて見える。

母親はそれを拾って、裸電球の下でためつすがめつ眺めると、

「ああ……流れちゃったな……」

そう言って、ガクリと眠ってしまった。

兄は、その白い塊を拾って、しばらくそっと指で撫でていたが、

「勝男、お別れ会するよ」

明るい声でそう言った。お別れ会とは何のことだかわからなかったが、無表情で感情の起伏がほとんどない兄の明るさは珍しかった。

一階の老人の住居に忍び込むと兄は醤油とフライパン、カセットコンロを持ってきた。二人で深夜の近所の公園まで行くと、公園の水飲み場の下にコンロを置いた。

兄は、フライパンの上にそのブヨブヨした白い塊をのせ、火をつけて炙り始めた。醤油をかけると、ジュッと音がして、香ばしい匂いが夜の空気に上がった。

ブヨブヨの表面に満遍なく焼き色がつくと、兄はその辺の木から折ってきた小枝をブスリと刺した。中から透明の汁が噴き出す。

「……食べな」

差し出された塊を勝男さんは一口食べた。が、ドロっとした食感と油っこい濃厚な味で一口で十分だった。飲み込むのも苦しいくらいだった。兄は、勝男さんが顔を歪めるのを見ると、大きく一口、齧りついた。そして、ゆっくり味わい、飲み込んだ。

「これで一緒だな。勝男が生まれたときは、後から焼き肉をお母さんと食べたんだよ」

兄がそう言いながら、残りを全部、口に入れた。

そのとき、街灯に照らされた兄の頬の上に、黒いモノがあることに気がついた。

右側の頬の中から、黒くて丸いモノが外に頭を押し出してきているように見える。

固唾を呑んで見守っていると、飴玉くらいの黒い塊が、ゴロッと出てきた。

「お兄ちゃん、なんか黒いの出てきたよ」

黒い塊は、兄の喉元まで、のそりと這うように移動した。

「どんなの？」

だが、黒い塊は喉仏の上に蝉が止まるようにくっ付いた途端、消えてしまった。

「あっ……いなくなっちゃった」

「……そうか……もう……いなくなっちゃったか」

二人で家に帰り、一階にそっと借り物を戻すと、母親の元に戻った。

少し顔色に血の気が戻った母親の寝顔を覗くと、涙を流している。

兄は、母親の見ている夢がわかるかのように、ため息をついた。

母親は身体が回復すると、また夜の仕事に出た。

その日は、良い客にでも当たったのか、色々な買い物をして、上機嫌で帰ってきた。

『パンケーキ』の箱。蜂蜜。バター。牛乳。卵。重くて中に凸凹のあるフライパン。

その凹凸は、よく見ると、笑っているキャラクターの顔になっている。

「これどうしたの！　何かのお祝い？」

勝男さんが目を輝かせて、フライパンを触ると、

「空が青くて、あったかい日曜日だから」

母親はそう言って、階下の老人のところへ下りていき、カセットコンロを借りてきた。

「ここでやらない方がいいよ。ゴミに火がつくし」

兄はそう言った。

「じゃあ……河原でやらない？」

母親と三人で荷物を手分けして持つと、歩いて二十分ほどの河原に向かった。

バーベキューをしている家族連れも多く、なんだか場違いな気がして心細くなったが、人がいない場所を探してカセットコンロを置いた。早速、兄はパンケーキ作りの準備に入る。

母親と勝男さんは、椅子に良さそうな大きさの石を探してきては置き、ちょうど三個集まったときに、熱いフライパンに生地を流し込んだ。

河原で料理をするという一大イベントに、勝男さんは最高にワクワクしていた。

——だが、明るい青空をバックに座っている母の首から上は、真っ黒だった。

あの『お別れ会』の夜に、兄の頬から出てきたモノと同じような黒い塊が、今は、母の頭一面に黒蠅のようにたかっている。

「お母さん、頭にいっぱい黒いのついてるよ」

「えっ？　どこに？」

母が頭を振っても、離れない。虫ではないのか、落ちもしない。

「焼けたよ。ひっくり返すよ」

兄がポンっと上手にフライ返しで生地をひっくり返すと、笑った顔が表面に出てきた。

「すごい！　ニコニコ笑ってる！」

勝男さんは思わず声を上げた。蜂蜜をかけ、箸で一口食べると涙が出るほど美味しい。

そのとき、どこかの家族の小さな女の子が側に来て、三人を見ていることに気がついた。

「ここのおうちが一番おいしそうだね！　いいな！」

パンケーキを指差して笑うと、ぷいと走っていく。

勝男さんは、その言葉がたまらなく嬉しかった。

母親も、いつも無表情な兄も嬉しかったと見えて箸が止まっている。

思わず三人で顔を見合わせると「ふふふっ」と照れながら笑い合った。

母親が残りの生地を全部焼いて持って帰ろうと言い、兄が丁寧に四枚焼いた。

母親の頭の周りの黒い塊は、コンロの火を消す頃には、徐々に消えてなくなった。

不気味な黒い塊だったのに、何かひどく大切なものが消えてしまったような——。

どこかで悪い予感を勝男さんは感じていた。

次の朝。起きると——母親がいなくなっていた。

『楽しかったね。ごめんね』

昨日の買い物のレシートの裏に、そう走り書きがあった。

兄と近所を必死に探してみたが、どこにも母はいない。老人も知り合いに声をかけて探す手伝いをしてくれたが、夕刻、一階に訪ねてきた誰かと老人が話す声が聞こえてきた。

「えっ？　死んだ？　警察？　子供は二人いる。両方、男だ。一人は小さい。どこにも行ってねえなあ。上は中学生くらいの子だ」

その声を聞いた途端、兄は、二階の窓から塀に飛び降り、どこかへ行ってしまった。

そのまま、勝男さんが泣き疲れて眠っていると、朝になって、やっと兄は帰ってきた。

だが、兄の目つきの暗さが尋常ではなかった。見たことのない凄惨な顔をしている。

黙って、あのフライパンを取り出し、カセットコンロにのせて火をつけた。

フライパンから黒い煙が上がってくると、兄はズボンとパンツを脱いで膝立ちをした。

そして、右太腿の下に熱したフライパンを持ってくると、尻を落として、正座をした。

ジュッと音がして、兄の全身が上下に激しく痙攣する。

「ぐぅーーーーっっ!!」

絞り出すように、絶叫した。あのブヨブヨと同じ、肉が焼けるような臭いが上がると、兄の尻も太腿も焼け爛《ただ》れて、赤銅色の焼き印を押したようになっていた。

「兄はそのまま出ていき、私は養護施設に入りました。母はあの河原に面した雑木林で、首を吊っていたそうです。兄の消息は長い間、何もわかりませんでした」


勝男さんが施設の斡旋で働き始めて三年目に、職場へ兄の件で連絡がきた。

ある地方の病院に兄が運ばれ、危篤だという。どうやって調べたのか、勝男さんの職場を兄は知っていた。病院に駆けつけると、見知らぬ老人のような男が眠っていた。

医師が処置時に布団を剥ぐと、左足はとうの昔に切断され、右足一本しかなかった。

あの右臀部《でんぶ》の火傷の跡がなければ、兄だとは決して思えないほど変わり果てていた。

「ふふふふっ。ふふっ、あははは！　あははは！」

そのまま一昼夜、兄は眠りながら、笑い続けた。

「あははは」「うふふふっ」

だが、笑い声は二種類あった。男の声と女の声が同時に笑いさざめいていた。

一つは兄の口から。一つは懐かしい母の笑い声が、右臀部から聞こえてくる。

看護師から「鎮静剤を打ちましょうか？」と訊かれたが、好きなだけ――二人一緒に笑わせてやりたくて断った。

兄の口から、あの黒い塊がボコリと湧き出し、掛け布団の上にこぼれて消えると——。
兄は静かに息を引き取った。

その後、黒い塊の正体を勝男さんは長い間、一人で考え続けた。
恐らく〈この世に思い残すこと〉ではないかと思い至るそうだ。

★読者アンケートのお願い

本書のご感想をお寄せください。アンケートをお寄せいただきました方から抽選で５名様に図書カードを差し上げます。

（締切：2024 年 4 月 30 日まで）

応募フォームはこちら

呪録　怪の産声

2024 年 4 月 5 日　初版第一刷発行

著者……夕暮怪雨、井上回転、雨森れに、緒音百、緒方さそり、ふうらい牡丹、千稀、おがぴー、月の砂漠、ホームタウン、高倉樹、墓場少年、中村朔、宿屋ヒルベルト、多故くらら

カバーデザイン……橋元浩明（sowhat.Inc）

発行所……株式会社　竹書房

〒 102-0075　東京都千代田区三番町 8-1　三番町東急ビル 6F

email: info@takeshobo.co.jp

https://www.takeshobo.co.jp

印刷・製本……中央精版印刷株式会社